JN121558

戸籍実務のための孤独死・行旅死亡人・身寄りのない高齢者等における死亡届の手引き

墓地埋葬法・埋火葬許可に関する解説付き

孤独死等戸籍実務研究会　編

日本加除出版株式会社

はしがき

これまでの社会では、誰かが死亡すれば、その死亡者の親族が葬祭を執行することが一般的でした。しかし昨今、少子高齢化という社会情勢の変化の中で、身寄りのない高齢者等、葬祭執行者のいない死亡事例も増加しています。例えば、病院・施設に入院・入所していた身寄りのない高齢者が死亡することもあれば、自宅で孤独死し、相当の日数を経過して発見されることもあります。また、『行旅死亡人』として取り扱われる身元不明の死亡者には、旧来のイメージである『行き倒れ』『客死』というもの以外に、自宅で居住者が孤独死したと推定されながらも身元特定に至らなかったと思われる事例も散見されています。

人が死亡するということと、切り離せないのが戸籍の死亡届の問題です。

戸籍とは、日本国民の親族法上の身分関係を証明する公簿であり、市区町村長が戸籍事務管掌者という立場で管理しています。人の死亡とは、それにより相続が開始するなど、その影響は極めて大きいものです。したがって、死亡の事実は戸籍に迅速かつ正確に反映しなければいけません。また、戸籍法の属地的効力により、日本国内において外国人が死亡した場合も死亡届の提出が必要となります。

死亡届の届出人になれる者は、戸籍法87条に列挙されており、届出義務者として「同居の親族」「その他の同居者」「家主、地主又は家屋若しくは土地の管理人」が、届出資格者として「同居の親族以外の親族」「後見人」「保佐人」「補助人」「任意後見人」「任意後見受任者」が挙げられています。また、戸籍法93条では、公設所で死亡のあったときの公設所の長による死亡届出、戸籍法92条では警察官による死亡報告が規定されています。

このように死亡届出義務者の筆頭に掲げられているのは「同居の親族」であり、旧来は、親族が葬祭を執行し、その一環として死亡届出もしていたケースが多かったと考えられます。昨今では、死亡届を提出する親族が不存在というケースも発生しています。

こういった事例で、死亡者が成年被後見人等であれば後見人等が葬祭を執行し、死亡届出もすることになるかと思いますが、そうでない場合で、市区町村の福祉部署（福祉事務所等）が葬祭執行の実務を担当することも増えています。福祉事務所等の担当者が死亡の手続きを進めようとしても、死亡者に同居の親族や同居者はなく、さらに同居していない親族にも協力を拒まれ、死亡届の届出人を見付けるのに苦労している実情があります。

さらに身元不明の死亡者である行旅死亡人の取扱いに当たっては、関係する法律が多岐にわたります。行旅病人及行旅死亡人取扱法や墓地、埋葬等に関する法律（以下、「墓地埋葬法」という。）、戸籍法はもちろん、死亡者の多くが警察による死因・身元調査の対象となることから、警察の所管する死因・身元調査法（警察等が取り扱う死体の死因又は身元の調査等に関する法律）や死体取扱規則等についても横断的な知識が必要となります。

戸籍法の死亡届と墓地埋葬法の埋葬火葬許可は、法律的に直接的な連続性はないものの、実務面においては死亡届出と埋葬火葬許可申請を同時に受付するといった運用を行うことが多く、死亡届出の問題は、単純に戸籍だけにはとどまらず、葬祭執行自体にも大きく影響するものです。

また、墓地埋葬法の大部分は保健衛生部署が所管していることから、死亡届出実務に関連する戸籍担当にとっても未知の部分も多い分野になります。

本書では、親族等からの死亡届出が期待できない『身寄りのない高齢者の死亡』や『孤独死』の事例を戸籍に反映させるための手続き、身元不明の『行旅死亡人』に関する戸籍法の手続きを解説するとともに、隣接分野である『墓地埋葬法』についても紹介します。

本書が、戸籍実務を担当され、あるいは利用される方々にとって少しでもお役に立つことができましたならば、著者にとって望外の幸せです。

2022 年 6 月

孤独死等戸籍実務研究会

凡　例

墓地埋葬法　墓地、埋葬等に関する法律（昭和23年5月31日法律第48号）

墓地埋葬法施行規則　墓地、埋葬等に関する法律施行規則（昭和23年厚生省令第24号）

死因・身元調査法　警察等が取り扱う死体の死因又は身元の調査等に関する法律（平成24年法律第34号）

行旅法　行旅病人及行旅死亡人取扱法（明治32年法律第93号）

死産届規程　死産の届出に関する規程（昭和21年厚生省令第42号）

感染症法　感染症の予防及び感染症の患者に対する医療に関する法律（平成10年法律第114号）

参　考　文　献

捜査実務研究会『現場警察官のための死体の取扱い』（立花書房、2008年）

東京都福祉保健局生活福祉部保護課「行旅病人、行旅死亡人及び墓地埋葬法第9条事務の手引」（2019年）

埼玉県福祉部社会福祉課医療保護担当『行旅病人、行旅死亡人取扱いの手引（第4版）』（埼玉県福祉部社会福祉課医療保護担当、2006年）

荒木文明＝菅弘美『戸籍のためのQ&A　「死亡届」のすべて』（日本加除出版、2013年）

刑事法令研究会『［新版］記載要領　捜査書類基本書式例［補訂第2版］』（立花書房、2005年）

福岡法務局戸籍実務研究会『［第2版］最新戸籍の知識123問』（日本加除出版、2011年）

木村三男監修、竹澤雅二郎著『レジストラー・ブックス139　改訂　設題解説　戸籍実務の処理Ⅶ　死亡・失踪・復氏・姻族関係終了・推定相続人廃除編』（日本加除出版、2014年）

鯨井佳則「埋葬・火葬・改葬の許可」生活と環境平成6年6月号

目 次

トピックス

第1　親族等からの死亡届出が期待できない場合の死亡届出・報告・申出の手引き

1　はじめに

身寄りのない高齢者が死亡し、親族等からの死亡届出が期待できない場合、死亡者が成年被後見人等であれば成年後見人等が届出資格者として死亡届を提出できます。

一方で、死亡者が生活保護受給者であったり、あるいは墓地埋葬法９条が適用された結果として、市区町村の福祉部署（福祉事務所等）が葬祭執行の実務を担当するに当たり、死亡届の届出資格のある親族等がいない場合には、家屋管理人からの死亡届や警察官からの死亡通知により、手続きを進めることになります。

本項では、死亡者が成年被後見人等であった場合の後見人等からの死亡届の記載方法、続いて、後見人等がなく、協力拒否等により死亡者の親族からの死亡届出も期待できないときに、戸籍に死亡の事実を反映させる方法について解説します。

2　親族等からの死亡届出が期待できない場合の死亡届出・通知・申出のフローチャート

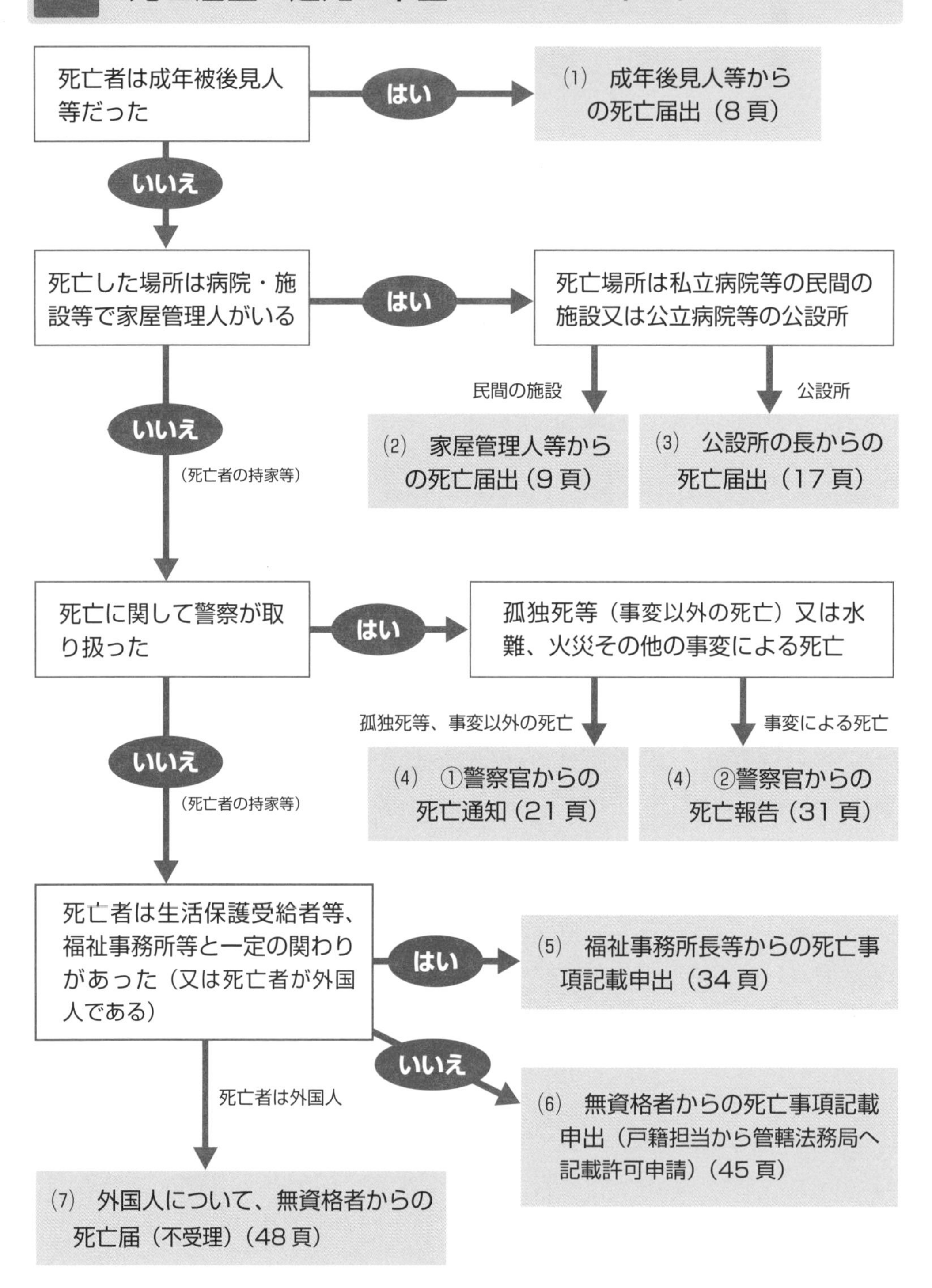

3 手続きの一覧表

	(1)			(2)		(3)	(4)		(5)	(6)
	後見人等からの死亡届出			家屋管理人等からの死亡届出		公設所の長からの死亡届出	警察官からの死亡通知・死亡報告		福祉事務所長等からの死亡事項記載申出	無資格者からの死亡事項記載申出（戸籍担当から管轄法務局へ記載許可申請）
	①	②	③	①	②		①	②		
項目	後見人等が個人	後見人等が職務上の氏名を使用	後見人等が法人	老人ホーム・集合住宅等	私立病院・診療所		警察官からの死亡通知	警察官からの死亡報告		
届出人住所	届出人個人の住所	登記事項証明書等記載の後見人等の住所	法人の主たる事務所の所在地	届出人個人の住所	病院の所在地	国公立病院、市役所（市営住宅）、JKK窓口センター（都営住宅）等の所在地	警察署の所在地		福祉事務所等所在地	申出人個人の住所（福祉事務所長等のときは同左）
届出人本籍・筆頭者の氏名・生年月日欄	届出人個人の本籍・筆頭者の氏名・生年月日	届出人の職務上の氏名・生年月日	記載不要	届出人個人の本籍・筆頭者の氏名・生年月日	記載不要	記載不要	記載不要		記載不要	届出人個人の本籍・氏名・生年月日等（福祉事務所長等のときは同左）
届出人署名欄	自署	自署	法人の名称・資格／氏名を自署	自署	病院等の名称・資格／氏名を自署	職氏名	職氏名（警察署長）		職氏名	自署（福祉事務所長等のときは同左）
押印	私　印 （押印は任意）			私　印 （押印は任意）		職　　印	職　　印		職　　印	私印（押印は任意）（福祉事務所長等のときは同左）
その他欄の記載		住所欄の記載は事務所の所在地である			届出人の住所の記載は病院の所在地である				死亡事項記載申出である。詳細別紙のとおり	死亡事項記載申出である。詳細別紙のとおり
届出・通知・申出地	死亡地・事件本人本籍地・届出人所在地						死亡地		本籍地又は非本籍地のいずれでも可	
添付書類	死亡診断書等 後見等の登記事項証明書等			死亡診断書等			死体及び所持品引取書の写し	死亡診断書等	死亡診断書等 経過書・申述書等	
注意点			法人の商業登記証明書等は不要					水難、火災その他の事変による死亡に限る	外国人の死亡の場合は無資格者からの死亡届として不受理（(7) にて解説）	

4　ケース別の死亡手続き

⑴　死亡者に成年後見人等が選任されている場合の死亡届書の記載・添付書類

死亡者に成年後見人、保佐人、補助人、任意後見人、任意後見受任者（以下、「後見人等」という。）が選任されている場合、当該後見人等は死亡届出資格者として死亡届出をすることができます。

この場合の死亡届書の死亡者に関する記載内容は一般的な親族等からの死亡届出と同様です。届出地についても、死亡地、死亡者の本籍地、届出人の所在地（一時滞在地を含む。）とされています。死亡者の住所地は届出地にならないことに注意が必要です。

○添付書類について

死亡届には、後見人等の資格を証明する登記事項証明書若しくは裁判書の謄本又は任意後見契約に係る公正証書の謄本（以下、「登記事項証明書等」という。）の添付が必要となります。登記事項証明書等は原本還付が可能です。

添付する登記事項証明書に有効期限は、ありません。後見人等に死亡届出資格が付与された平成20年当初は「登記事項証明書は、その作成後3か月以内のものに限るものとする」とされていましたが、この制限は平成22年に撤廃されています。登記事項証明書は内容に変更がない限り、発行日に関係なく、死亡届の添付書類とすることができます。

①後見人等が個人の場合

届出人が個人で後見人等になっている場合、一般的には登記事項証明書等の後見人等の「住所」「氏名」には、住民登録上の住所、戸籍上の氏名が記載されています。死亡届書には、住所、本籍・筆頭者の氏名と生年月日を記載し、届出人署名欄には氏名を自署します（押印は任意ですが、個人印を押印します）。

②後見人等が職務上の氏名を使用している場合

後見人等が職務上の氏名（旧姓）を使用しており、登記事項証明書等にも職務上の氏名及び事務所の所在地が記載されている場合、死亡届書の住所欄には事務所の所在地、届出人署名欄に職務上の氏名を記載することができます。

これは、届書及び戸籍に職務上の氏名（旧姓）が記載されていたとしても、添付の登記事項証明書等と一致すれば、届出人を特定することは可能であり、催告等もできることから、市区町村長において、届出人の同一性と届出資格以上の審査をする実益に乏しいことによります（戸籍925号49頁）。

③後見人等が法人の場合

後見人等が法人の場合、登記事項証明書等には法人の主たる事務所の所在地と名称が記載されています。死亡届をする場合には、法人の代表者が届出人になります。届出人住所欄には、法人の主たる事務所の所在地を記載し、署名欄に「司法書士法人〇〇　代表　〇〇〇〇」のように記載します。本籍・筆頭者の氏名、生年月日は記載不要です。

法人の代表者については、登記事項証明書等には記載されていません。このため、商業登記の登記事項証明書で代表者を確認することが望ましいとされていますが、添付を義務付ける規定はありません。後見の登記事項証明書等のみの添付で死亡届は受理されることになります（戸籍884号26頁）。

商業登記の登記事項証明書の添付がない場合、戸籍の死亡事項中の届出人氏名は、死亡届書の届出人署名欄をもとに記録することになります。氏名の文字（例えば「𠮷」と「吉」のような字体の差や、「巳」と「己」のような字種の差）が戸籍等で確認できませんので、楷書で一画ずつはっきりと署名することが望ましいと考えます。

★戸籍記載例（後見人が届出人の場合）

【死亡日】令和４年４月１日

【死亡時分】午前２時３４分

【死亡地】東京都街谷市

【届出日】令和４年４月７日

【届出人】甲山春子

◎ 後見人個人からの死亡届記載例

死亡届

令和 4 年 4 月 8 日届出

東京都街谷市長 殿

受理 令和4年4月8日 第 528 号	発送 令和 年 月 日
送付 令和 年 月 日 第 号	長印

書類調査	戸籍記載	記載調査	調査票	附票	住民票	通知

(1)	(よみかた)	ねりま　たくみ
(2)	氏名	氏 練馬　名 匠　☑男 □女
(3)	生年月日	昭和29年5月5日（生まれてから30日以内に死亡したときは生まれた時刻も書いてください）□午前 □午後 時 分
(4)	死亡したとき	令和 4 年 4 月 3 日 □午前 ☑午後 2 時 1 分
(5)	死亡したところ	東京都 街谷市 箕輪白山4丁目3 （番地）番 21 号
(6)	住所（住民登録をしているところ）	東京都 街谷市 箕輪白山4丁目3番地21
		世帯主の氏名 練馬 匠
(7)	本籍（外国人のときは国籍だけを書いてください）	東京都 街谷市 箕輪白山4丁目 3 （番地）番 21
		筆頭者の氏名 練馬 匠
(8)(9)	死亡した人の夫または妻	□いる（満 歳） いない（□未婚 ☑死別 □離別）
(10)	死亡したときの世帯のおもな仕事と	□1. 農業だけまたは農業とその他の仕事を持っている世帯 □2. 自由業・商工業・サービス業等を個人で経営している世帯 □3. 企業・個人商店等（官公庁は除く）の常用勤労者世帯で勤め先の従業者数が1人から99人までの世帯（日々または1年未満の契約の雇用者は5） □4. 3にあてはまらない常用勤労者世帯及び会社団体の役員の世帯（日々または1年未満の契約の雇用者は5） □5. 1から4にあてはまらないその他の仕事をしている者のいる世帯 ☑6. 仕事をしている者のいない世帯
(11)	死亡した人の職業・産業	（国勢調査の年… 年…の4月1日から翌年3月31日までに死亡したときだけ書いてください） 職業　　産業
	その他	添付書類：後見の登記事項証明書
	届出人	□1.同居の親族 □2.同居していない親族 □3.同居者 □4.家主 □5.地主 □6.家屋管理人 □7.土地管理人 □8.公設所の長 ☑9.後見人 □10.保佐人 □11.補助人 □12.任意後見人 □13.任意後見受任者
		住所 東京都 街谷市 原街谷1丁目23番10－301号
		本籍 神奈川県 相模野市 緑原町 1234 （番地）番　筆頭者の氏名 品川誠一
		署名（※押印は任意） 品川 誠一 印　昭和55年 2 月 8 日生

事件簿番号	

◎ 後見人が法人の場合の死亡届記載例

死　亡　届

令和 ４ 年 ４ 月 ８ 日届出

東京都街谷市 長 殿

受理 令和４ 年 ４ 月 ８ 日	発送 令和　年　月　日
第　529　号	
送付 令和　年　月　日	長印
第　号	

書類調査	戸籍記載	記載調査	調査票	附票	住民票	通知

(1)	(よみかた)	すみだ　やよい
(2)	氏名	氏 墨田　名 やよい　□男　☑女
(3)	生年月日	昭和 23年 ３月 ３日（生まれてから30日以内に死亡したときは生まれた時刻も書いてください）□午前 □午後　時　分
(4)	死亡したとき	令和 ４ 年 ４ 月 ６ 日 ☑午前 □午後 ３ 時 34 分
(5)	死亡したところ	東京都 街谷市 亀山２丁目３ 番地 (番) ４ (号)
(6)	住所（住民登録をしているところ）	東京都 街谷市 亀山２丁目３番４号 街谷亀山ホーム
		世帯主の氏名　墨田　やよい
(7)	本籍（外国人のときは国籍だけを書いてください）	東京都 多摩中央市 門前町１丁目２ (番地) 番
		筆頭者の氏名　墨田　和之助
(8)(9)	死亡した人の夫または妻	□いる（満　歳）　いない（□未婚　□死別　☑離別）
(10)	死亡したときの世帯のおもな仕事と	□1. 農業だけまたは農業とその他の仕事を持っている世帯 □2. 自由業・商工業・サービス業等を個人で経営している世帯 □3. 企業・個人商店等（官公庁は除く）の常用勤労者世帯で勤め先の従業者数が１人から99人までの世帯（日々または１年未満の契約の雇用者は５） □4. ３にあてはまらない常用勤労者世帯及び会社団体の役員の世帯（日々または１年未満の契約の雇用者は５） □5. １から４にあてはまらないその他の仕事をしている者のいる世帯 ☑6. 仕事をしている者のいない世帯
(11)	死亡した人の職業・産業	（国勢調査の年…　年…の4月1日から翌年3月31日までに死亡したときだけ書いてください） 職業　　産業
	その他	届出人の住所の記載は法人の主たる事務所の所在地である 添付書類：後見の登記事項証明書
	届出人	□ 1. 同居の親族　□ 2. 同居していない親族　□ 3. 同居者　□ 4. 家主　□ 5. 地主 □ 6. 家屋管理人　□ 7. 土地管理人　□ 8. 公設所の長　☑ 9. 後見人 □10. 保佐人　□11. 補助人　□12. 任意後見人　□13. 任意後見受任者
		住所　東京都　街谷市　原街谷４丁目５６番７号
		本籍　　番地 番　筆頭者の氏名
		署名（※押印は任意）　司法書士法人 原街谷司法書士事務所 代表社員　品川 誠一 印　　年　月　日生

事件簿番号	

⑵　民間の集合住宅等、私立病院・診療所での死亡の場合

身寄りのない高齢者が民間の集合住宅等で孤独死したような場合のほか、民営の老人ホーム入所者や私立病院の入院患者が死亡し、親族等からの死亡届出が期待できない場合、死亡のあった家屋・土地の家屋管理人・家主・土地管理人・地主（以下、「家屋管理人等」という。）が第３順位の死亡届出義務者として死亡届を提出することになります。

①民間の集合住宅・老人ホーム等での死亡

民間の集合住宅・老人ホーム等の管理者は、家屋管理人として死亡届出をすることになります。死亡届の届出人欄には、管理者個人の住所・本籍・筆頭者の氏名・届出人氏名（自署）・生年月日を記載します。押印は任意ですが、個人印を押印します。なお、管理資格を証する書面等の添付は必要ありません。

※老人ホーム入所者の入院直後の死亡

老人ホームに入所していた者が、病院に入院した直後に死亡した場合でも、前述のとおり、病院の管理者が家屋管理人として届出義務者になります。

しかし、入院後間もなく死亡した場合においては、当該老人ホームの施設長は、生活実態、死亡者の親族、本籍等を熟知していることを踏まえ、当該施設長が家屋管理人（又は家主）の資格でした死亡届は、そのまま受理して差し支えないとされています（戸籍542号58頁）。

ただし、これは家屋管理人の範囲を一律に広げる趣旨ではありません。例えば、会社の寮に入居していた者が、病院に入院直後に死亡したときは、寮の管理者に家屋管理人としての届出資格は認められないので注意が必要です（大阪戸籍だより145号53頁）。

福祉担当の事務取扱い上の注意
・家屋管理人等が死亡届出義務者となるのは、当該家屋等で死

亡があったときに限られます。例えば、集合住宅の居住者が自宅居室内で倒れているのが発見され、救急搬送先の病院で死亡した場合には、届出義務を負う家屋管理人は病院の管理者になります。このとき、集合住宅の管理者は死亡届出義務者ではありませんし、死亡届出資格者にもならないことに注意が必要です。死亡診断書等に記載されている『死亡したところ』の内容を十分、確認する必要があります（老人ホーム入所者が入院直後に死亡した場合は例外)。

・老人ホーム入所者が、病院に入院した直後に死亡した場合、病院の管理者が家屋管理人として届出義務者になりますが、当該老人ホームの施設長が家屋管理人（または家主）の資格で死亡届出をすることができます。

・病院や診療所の管理者が死亡届出人になる場合、個人の住所等の記載を省略することも可能（後述）ですが、老人ホームの施設長や集合住宅の管理者が届出人になる場合は、原則どおり個人の住所・本籍・生年月日を記載する必要があります。

・家屋管理人・家主・土地管理人・地主は、第３順位の死亡届出義務者ですので、これらの管理者が届出に応じない場合、戸籍法に規定されている届出義務者であることや、戸籍事務管掌者である市区町村長から届出の催告がされた場合には届出期間経過による過料の対象となることもあることを丁寧に説明し、理解を得る必要があります。

・集合住宅での孤独死案件の場合は、警察への安否確認の通報から発見に至るという経緯も多く、そのため、警察による死因・身元調査が行われることが一般的です。警察から引取者なき死体としての連絡が入った際には、家屋管理人等からの死亡届出が期待できるかを確認しておき、死亡届出が難しいようであれば、後述の警察官による死亡通知の手続きを執れるか、死体引取りの際に調整しておくと、葬祭に関する事務が支障なく執り行えます。

・死亡者が生活保護受給者等で、福祉事務所等で親族を把握している場合には、親族に連絡を取り、親族が死亡届出人となっても、差し支えありません。

・警察による身元調査の過程で、死亡者が居住者本人だと断定できない場合は、身元不明の死亡者である行旅死亡人として取り扱うことになります。居住者が所在不明で、居住者らしき死体がある、というだけでは、警察における身元特定には不足します。警察では必要に応じて、指紋照合や親族とのDNA鑑定等による身元特定を行います。これらができないと、「死体は居住者ではない第三者の可能性がある（居住者はどこかで生存している）」ということも否定できないということになります。結局のところ、身元不明の死体として取り扱うしかないという警察の事情があります。

②私立病院・診療所での死亡

医療法人又は個人が経営する病院・診療所で死亡のあった場合、その病院・診療所の管理者は、同様に家屋管理人として死亡の届出をすることになります。この場合の死亡届の届出人欄の記載の方法は2種類あります。

【管理者個人の住所・本籍・生年月日を記載する方法】

死亡届に①と同様に記載する方法です。すなわち、届出人欄に、管理者（院長）個人の住所・本籍・筆頭者の氏名・届出人氏名・生年月日を記載します。押印は任意ですが、個人印を押印することになります。

・その他欄の記載	不要
・届出人住所欄	管理者の住民登録上の住所
・届出人本籍・筆頭者の氏名	管理者の本籍・筆頭者の氏名
・届出人署名欄	管理者の氏名（押印は任意だが、個人印を押印）
・届出人生年月日欄	管理者の生年月日

【病院の所在地・名称・資格を記載し、管理者個人の情報を記載しない方法】

もう一つの方法が、死亡届のその他欄に「届出人の住所の記載は、病院の所在地である」旨の記載をし、届出人の住所欄に病院の所在地、署名欄に病院の名称並びに管理者の資格及び氏名を記載することで、個人の住所・本籍・生年月日の記載を省略する方法です（押印は任意ですが、個人印を押印することになります）（平22・6・24民一1551号通知）。

通知では「病院」とされていますが、病院に限らず診療所も本通知の対象となります（戸籍846号88頁）。

ただし、集合住宅や老人ホーム等の管理者は本通知による取扱いはできず、管理者個人の住所・本籍・生年月日を記載しなければならないことに、注意が必要です。

その他欄の記載「届出人の住所の記載は、病院（診療所）の所在地である」

・届出人住所欄	病院（診療所）の所在地
・届出人本籍・筆頭者の氏名	空欄
・届出人署名欄	病院（診療所）の名称 管理者の資格（「院長」等） 氏名（押印は任意だが、個人印を押印）
・届出人生年月日欄	空欄

福祉担当・戸籍担当の事務取扱い上の注意

・家屋管理人・家主・土地管理人・地主は、第３順位の死亡届出義務者ですので、これらの管理者が届出に応じない場合、戸籍法に規定されている届出義務者であることや、戸籍事務管掌者である市区町村長から届出の催告がされた場合には届出期間経過による過料の対象となることもあることを丁寧に説明し、理解を得る必要があります。

・病院の所在地等を記載して、病院管理者個人の住所・本籍・生年月日を記載しない方法は、病院・診療所の管理者に限られます。病院管理者が個人の住所等の個人情報を理由として協力に難色を示す場合（本来、死亡届出義務者であるのですが）は、このような届書の記載も可能であることを説明し、協力を依頼することも方法の一つです。

・病院の所在地等を記載して病院管理者が届出人となる場合、届出人の氏名は、戸籍で確認できませんので、楷書で一画ずつはっきりと署名してもらう必要があります。氏名の字体等が判然としないときは、戸籍担当から病院に電話で確認や、都道府県の衛生部署等の発行している医療機関名簿を確認する等の手段で、死亡者の戸籍に記載される届出人氏名の字体を確認する必要が生じることもあります。

★戸籍記載例（病院管理者が届出人の場合）

【死亡日】令和４年４月１日
【死亡時分】午前２時３４分
【死亡地】東京都街谷市
【届出日】令和４年４月７日
【届出人】家屋管理人　成瀬花子

《参考》
医療法人又は個人が経営する病院の管理者が死亡の届出をする際の届書への記載事項の取扱いについて

平成22年6月24日付、法務省民一第1551号法務局民事行政部長、地方法務局長宛て民事局民事第一課長通知（平成17年2月16日付二戸一第168号東京法務局長照会、平成22年6月24日付け法務省民一第1550号民事局民事第一課長回答）

標記取扱いについて、別紙1のとおり照会があり、別紙2のとおり回答したので、通知します。

(別紙2)
……医療法人又は個人が経営する病院の管理者が家屋管理人として死亡の届出をする場合において、届書に下記のとおり記載がされているときは、届出人欄に、本籍の表示及び生年月日の記載がされていなくても、届出を受理して差し支えないものと考えます。

記

1　届出人の住所欄に、病院の所在地が記載されていること。
2　届出人の署名欄に、病院の名称並びに管理者の資格及び氏名が記載されていること。
3　その他欄に、「届出人の住所の記載は、病院の所在地である。」旨が記載されていること。

◎ 老人ホーム等の管理者からの死亡届記載例

死　亡　届

令和 4 年 4 月 8 日届出

東京都街谷市長　殿

受理　令和 4 年 4 月 8 日 第　565　号	発送　令和　年　月　日
送付　令和　年　月　日 第　号	長印

書類調査	戸籍記載	記載調査	調査票	附票	住民票	通知

(1)	（よみかた）	ちよだ　たろう
(2)	氏名	氏 千代田　名 太郎　☑男 □女
(3)	生年月日	昭和 23 年 4 月 5 日（生まれてから30日以内に死亡したときは生まれた時刻も書いてください）□午前 □午後　時　分
(4)	死亡したとき	令和 4 年 4 月 3 日　☑午前 □午後　2 時 10 分
(5)	死亡したところ	東京都 街谷市 原街谷1丁目2 番地 番（番に○）3 号（号に○）
(6)	住所（住民登録をしているところ）	東京都 街谷市 原街谷1丁目2番3号 特別養護老人ホーム原街谷園 世帯主の氏名　千代田　太郎
(7)	本籍（外国人のときは国籍だけを書いてください）	東京都 北東京市 中央町一丁目 23 番地（番地に○）番 4 筆頭者の氏名　千代田　太郎
(8)(9)	死亡した人の夫または妻	□いる（満　歳）　いない（□未婚　□死別　☑離別）
(10)	死亡したときの世帯のおもな仕事と	□1. 農業だけまたは農業とその他の仕事を持っている世帯 □2. 自由業・商工業・サービス業等を個人で経営している世帯 □3. 企業・個人商店等（官公庁は除く）の常用勤労者世帯で勤め先の従業者数が1人から99人までの世帯（日々または1年未満の契約の雇用者は5） □4. 3にあてはまらない常用勤労者世帯及び会社団体の役員の世帯（日々または1年未満の契約の雇用者は5） □5. 1から4にあてはまらないその他の仕事をしている者のいる世帯 ☑6. 仕事をしている者のいない世帯
(11)	死亡した人の職業・産業	（国勢調査の年…　年…の4月1日から翌年3月31日までに死亡したときだけ書いてください） 職業　　産業
	その他	
	届出人	□1. 同居の親族 □2. 同居していない親族 □3. 同居者 □4. 家主 □5. 地主 ☑6. 家屋管理人 □7. 土地管理人 □8. 公設所の長 □9. 後見人 □10. 保佐人 □11. 補助人 □12. 任意後見人 □13. 任意後見受任者
	住所	神奈川県 相模野市 さがみ台 128番地64
	本籍	東京都 多摩中央市 星野台1丁目1 番地（番地に○）番　筆頭者の氏名　中野祐一
	署名（※押印は任意）	中野 祐一　印　昭和41年 2月 4日生

事件簿番号	

◎ 私立病院の管理者からの死亡届記載例

死　亡　届

令和 4 年 4 月 8 日届出

東京都街谷市長 殿

受理 令和4年4月8日 第 600 号	発送 令和 年 月 日
送付 令和 年 月 日 第 号	長印

書類調査	戸籍記載	記載調査	調査票	附票	住民票	通知

(1)	(よみかた)	たいとう　はるみ
(2)	氏名	氏 台東　名 春美　□男 ☑女
(3)	生年月日	昭和16年7月8日（生まれてから30日以内に死亡したときは生まれた時刻も書いてください）□午前 □午後 時 分
(4)	死亡したとき	令和4年4月2日 ☑午前 □午後 1時35分
(5)	死亡したところ	東京都 街谷市 朝日台2丁目 20番地 2 号
(6)	住所（住民登録をしているところ）	東京都 街谷市 朝日台2丁目20番2号 街谷病院
		世帯主の氏名 台東 春美
(7)	本籍（外国人のときは国籍だけを書いてください）	東京都 街谷市 富士見台一丁目 2 番地
		筆頭者の氏名 台東 夏吉
(8)(9)	死亡した人の夫または妻	□いる（満 歳） いない（□未婚 □死別 ☑離別）
(10)	死亡したときの世帯のおもな仕事と	□1. 農業だけまたは農業とその他の仕事を持っている世帯 □2. 自由業・商工業・サービス業等を個人で経営している世帯 □3. 企業・個人商店等（官公庁は除く）の常用勤労者世帯で勤め先の従業者数が1人から99人までの世帯（日々または1年未満の契約の雇用者は5） □4. 3にあてはまらない常用勤労者世帯及び会社団体の役員の世帯（日々または1年未満の契約の雇用者は5） □5. 1から4にあてはまらないその他の仕事をしている者のいる世帯 ☑6. 仕事をしている者のいない世帯
(11)	死亡した人の職業・産業	（国勢調査の年… 年…の4月1日から翌年3月31日までに死亡したときだけ書いてください）職業　産業
	その他	届出人の住所の記載は病院の所在地である
	届出人	□1. 同居の親族 □2. 同居していない親族 □3. 同居者 □4. 家主 □5. 地主 ☑6. 家屋管理人 □7. 土地管理人 □8. 公設所の長 □9. 後見人 □10. 保佐人 □11. 補助人 □12. 任意後見人 □13. 任意後見受任者
		住所 東京都 街谷市 朝日台2丁目 20番 2号
		本籍　番地 番　筆頭者の氏名
		署名（※押印は任意） 街谷病院院長 大田喜一 印　年 月 日生

事件簿番号	

⑶　国公立病院や公営住宅等での死亡

①国公立病院

国公立病院（独立行政法人国立病院機構の設置する病院を含む）は「公設所」に当たりますので、戸籍法93条において準用する56条に基づき、病院の管理者（院長）が「公設所の長」の立場で死亡届出人になります。

ちなみに、国立病院は平成15年、独立行政法人国立病院機構に移行しましたが、独立行政法人化前後で国立病院の性格に変動がなく、機構の職員は国家公務員で、届出の内容についても信頼性があること等から、引き続き、「公設所の長」としての届出ができるとされています（戸籍第758号68頁）。

届書には病院の所在地、管理者の職氏名を記載し、職印を押印します。

戸籍の記載においては、届出人の欄には公設所の長の資格は記載されず、氏名のみが記載されます（「国立病院機構○○病院長　○○太郎」や「公設所の長　○○太郎」でなく「○○太郎」のみ）。

②公営住宅等

公営住宅等も「公設所」に当たりますので、国公立病院の場合と同様に、その管理者が「公設所の長」の立場で、死亡届出人になれます。

管理者が市区町村長のときは、市区町村役場の所在地・職氏名を記載し、職印を押印することになります。本籍・筆頭者の氏名、生年月日の記載は不要です。

また、公営住宅でも東京都の都営住宅のように、公社が管理している場所もあります。この場合、東京都住宅供給公社（JKK東京）は、東京都が地方公社法に基づき設立した法人であることから、その窓口運営部窓口センターの所長は、各所管地域の都営住宅（公設所）の管理人と認められます。したがって、「公設所の長」の立場での死亡届出人となります。センターの所在地、センター所長の資格・氏名を記載し、職印を押印することとなります（戸籍時報第773号54頁以下）。

戸籍の記載においては、届出人の欄には公設所の長の資格は記載されず、氏名のみが記載されます（「東京都住宅供給公社窓口センター長　○○花子」や「公設所の長　○○花子」でなく「○○花子」のみ）。

★戸籍記載例

【死亡日】令和４年４月１日
【死亡時分】午前２時３４分
【死亡地】東京都街谷市
【届出日】令和４年４月７日
【届出人】厚生太郎

福祉担当の事務取扱い上の注意

・公設所の長が死亡届出義務者となるのは、当該公設所で死亡があったときに限られます。例えば、公立病院に入院中の患者が死亡すれば、当該公立病院の管理者が死亡届出人になります。

公営住宅の居住者が自宅居室内で倒れているのが発見され、救急搬送先の病院で死亡したような場合には、家屋管理人として届出義務を負うのは病院の管理者になります。このとき、公営住宅の管理者は死亡届出義務者ではありませんし、死亡届出資格者にもならないことに注意が必要です。

死亡診断書等に記載されている『死亡したところ』の内容を十分、確認する必要があります。

・公営住宅での孤独死案件の場合は、警察への安否確認の通報から発見に至るという経緯も多く、そのため、警察による死因・身元調査が行われることが一般的です。警察から引取者なき死体としての連絡が入った際には、公営住宅の管理部署と調整し、死亡届出が期待できるかを確認しておき、死亡届出が難しいようであれば、後述の警察官による死亡通知の手続きを執れるか、死体引取りの際に調整しておくと、葬祭に関する事務が支障なく執り行えます。

・死亡者が生活保護受給者等で、福祉事務所等で親族を把握している場合には、親族に連絡を取り、親族が死亡届出人となっても、差し支えありません。

・警察による身元調査の過程で、死亡者が居住者本人だと断定できない場合は、身元不明の死亡者である行旅死亡人として取り扱うことになります。居住者が所在不明で、居住者らしき死体がある、というだけでは、警察における身元特定には不足します。警察では必要に応じて、指紋照合や親族とのDNA鑑定等による身元特定を行います。これらができないと、「死体は居住者ではない第三者の可能性がある（居住者はどこかで生存している）」ということも否定できないということになります。結局のところ、身元不明の死体として取り扱うしかないという警察の事情があります。

◎ 国公立病院の長からの死亡届記載例

死　亡　届

令和 4 年 4 月 8 日届出

東京都街谷市長 殿

受理 令和４年４月８日 第 565 号	発送 令和 年 月 日
送付 令和 年 月 日 第 号	長印

書類調査	戸籍記載	記載調査	調査票	附票	住民票	通知

(1)	（よみかた）	あらかわ　さつき
(2)	氏名	氏 荒川　名 五月　☑男 □女
(3)	生年月日	昭和 24年 6月 8日（生まれてから30日以内に死亡したときは生まれた時刻も書いてください）□午前 □午後 時 分
(4)	死亡したとき	令和 4 年 4 月 3 日 ☑午前 □午後 0 時 0 分
(5)	死亡したところ	東京都 街谷市 大山町 1234 （番地） 5 号
(6)	住所（住民登録をしているところ）	東京都 街谷市 相田町 2200番地 都営相田7-103
	世帯主の氏名	荒川 五月
(7)	本籍（外国人のときは国籍だけを書いてください）	神奈川県 湘南市 湘南海岸 2 （番地）
	筆頭者の氏名	荒川 元吉
(8)(9)	死亡した人の夫または妻	□いる（満 歳） いない（□未婚 ☑死別 □離別）
(10)	死亡したときの世帯のおもな仕事と	□1. 農業だけまたは農業とその他の仕事を持っている世帯 □2. 自由業・商工業・サービス業等を個人で経営している世帯 □3. 企業・個人商店等（官公庁は除く）の常用勤労者世帯で勤め先の従業者数が１人から99人までの世帯（日々または１年未満の契約の雇用者は５） □4. ３にあてはまらない常用勤労者世帯及び会社団体の役員の世帯（日々または１年未満の契約の雇用者は５） □5. １から４にあてはまらないその他の仕事をしている者のいる世帯 ☑6. 仕事をしている者のいない世帯
(11)	死亡した人の職業・産業	（国勢調査の年… 年…の4月1日から翌年3月31日までに死亡したときだけ書いてください）職業　産業
	その他	
	届出人	□1. 同居の親族 □2. 同居していない親族 □3. 同居者 □4. 家主 □5. 地主 □6. 家屋管理人 □7. 土地管理人 ☑8. 公設所の長 □9. 後見人 □10. 保佐人 □11. 補助人 □12. 任意後見人 □13. 任意後見受任者
	住所	東京都 街谷市 大山町 １２３４番地 ５
	本籍	番地 番　筆頭者の氏名
	署名（※押印は任意）	街谷市立病院 院長 渋谷 太郎 印（街谷市立病院長之印）　年 月 日生

事件簿番号	

⑷　警察官からの死亡通知・死亡報告

①警察官からの死亡通知

身寄りのない高齢者の孤独死案件の場合は、警察への安否確認の通報から発見に至るという経緯も多く、警察によって死因・身元調査が行われることが一般的です。

身元不明の場合は、警察官は戸籍法92条に基づく死亡報告を行うことになります（行旅死亡人）が、身元は明らかになっても遺族等の引取人がいない死体を警察署長が市区町村長に引き渡す際は、戸籍法92条に準ずる取扱いとして、警察署長から死亡地の市区町村長に対して死亡の通知をします。

この通知により、戸籍に死亡の記載をすることになりますので、例えば死亡者本人所有の家屋での死亡など、家屋管理人等からの死亡届出も期待できないような場合には、この死亡通知により死亡の手続きを執ることが妥当です。

通知先は死亡地の市区町村長とされていることから、例えば、市内から救急搬送によって他市の病院で死亡した場合は、警察署長が通知すべきは死亡した病院の所在する他市となってしまうことに注意が必要です。また、生活保護受給者等の死亡の場合も、死体を引き取って葬祭を実施する市区町村と、警察署長が通知すべき死亡地の市区町村が異なる場合もありますので、留意が必要です。

死亡通知が死亡地以外の市区町村になされた場合、戸籍担当は死亡地の市町村長宛てに改めて通知するよう警察署長に依頼するのが相当（応じないときは、警察署長に死亡地の補記を求める等の対応が必要となる）とされています（戸籍時報第737号107頁）。

実務上、死亡通知に警察が死亡診断書等を添付することがあります。死亡通知においては必須の添付書類ではありませんが、人口動態調査の死亡票を作成することとされていることから、死亡通知の添付書類として取り扱う市区町村もあります。死亡診断書等が添付されているときは、死亡したときの記載が死亡通知と完全一致していること、死亡したところの市区町村が死亡通知先であることを必ず確認します。

この取扱いは、死因・身元調査法施行に伴う死体取扱規則全面改正以降、統一された取扱いがなかったため、平成26年の警察庁通達により整理されものです。

警察署長は、本件通知書に「死体及び所持品引取書」の写しを添付し、市区町村長へ死亡通知を行いますが、警察庁通達によれば「既に市町村長との取決めにより、……通知書に類する別の様式の書面を交付する運用が行われており、かつ、当該運用について特段の支障が生じていない場合には、今後も当該運用を継続して差し支えない」とされていますので、別の様式を用いていても、死亡通知の内容を網羅していれば問題はないと考えます。

★戸籍記載例

【死亡日時】令和４年２月１日頃から１０日頃までの間
【死亡地】東京都街谷市
【報告日】令和４年４月１日
【報告者】街谷警察署長

福祉担当・戸籍担当の事務取扱い上の注意

◆死亡通知書関係

・戸籍法92条に準ずる取扱いですので、必ず死亡地を確認します（死亡診断書等の添付があるときは、「死亡したところ」と通知の死亡地が同一市区町村内であることを確認）。

・墓地埋葬法９条では、死亡地の市区町村長が葬祭を執行すべきとされています。死亡地が他区市町村であれば、当該死亡地の市区町村長に葬祭執行者が変更となる可能性があります。

・死亡地以外の市区町村長が葬祭を執行する場合（死亡者が生

活保護受給者等）や、死亡地の管轄警察署が異なる場合もありますが、死体を取り扱った警察署長が死亡通知をするのは、あくまでも死亡地の市区町村長です。

・通知先市区町村長に誤りがある場合、福祉担当は警察担当者と打ち合わせて、通知先を訂正してもらう等の対応が必要です。

・死亡通知が死亡地以外の市区町村になされた場合、戸籍担当は死亡地の市町村長宛てに改めて通知するよう警察署長に依頼するのが相当です（警察署長が応じないときは、やむを得ず、警察署長に死亡地の補記を求める等の対応が必要となる）。

・死亡診断書等の添付があるときは「死亡したとき」が死亡通知の死亡日時の記載と完全一致していることを確認します（戸籍の記載に関わるので「頃」「推定」の有無等の細かい表記の差もないか注意）。

・書類相互の記載に矛盾があるときは受理できないので、整合するように警察に訂正を依頼します。

◆死体及び所持品引取書関係

・死体及び所持品引取書の写し（コピー）が添付書類となります。写しの添付を失念しないよう注意が必要です。なお、「写しである」旨の警察署長の認証は不要と考えます。

・死体及び所持品引取書は、実務上、警察側で作成し、福祉担当者に押印等を求めることがあります。しかし、死体取扱規則上は、市区町村長が作成し、警察署長に交付する書類であることから、福祉担当者は、記載内容に不備や誤りがないか十分確認します。

・福祉担当者は、交付前の死体及び所持品引取書に死亡者の生年月日・筆頭者の氏名の記載がない場合は、記載する方向で警察と調整します。記載がない状態で戸籍担当者に提出された場合、戸籍担当者は、当該項目について附せん処理し、受理します。

《参考》

1　平成26年12月24日付警察庁丁捜一発第144号警察庁刑事局捜査第一課長通達『身元が明らかであるが引取人のいない死体を市町村長に引き渡す際に交付する書類について』（※）及び平成26年12月24日付法務省民一第1462号法務省民事局民事第一課長通知『警察官からの死亡通知の取扱いについて』（25頁に別添様式、26頁に記入例あり）による取扱い

※警察庁通達は、令和2年3月31日付警察庁丁捜一発第35号警察庁刑事局捜査第一課長通達『身元が明らかであるが引取人のいない死体を市町村長に引き渡す際に交付する書類について（通達）』（34頁以下）により継続

2　死体及び所持品引取書に死亡者の筆頭者氏名・生年月日を記載する取扱いとなったことについては、平成29年3月1日付法務省民事局民事第一課補佐官事務連絡

◎ 警察官からの死亡通知

別添様式

年　　月　　日

市長　殿

警察署長

令和　　年　　月　　日午　　時頃（推定）、別添「死体及び所持品引取書」中「死体」の欄に記載の者が死亡したと認めますので、通知します。

［本件担当］
警察署　　課

［電話　　　－　　　］

◎記　入　例

別添様式

令和 **4** 年 **4** 月 **14** 日

東京都街谷市 市長　殿

警視庁街谷 警察署長
警視正　小松　尚隆

警視庁
街谷
警察署長

令和**4**年**2**月**10**日~~午　　時頃（推定）~~、別添「死体及び所持品引取書」中「死体」の欄に記載の者が死亡したと認めますので、通知します。

［本件担当］
警視庁街谷 警察署**刑事**課
強行犯捜査第一係 警部補 広田 正義
［電話　***－0110（内）*** ］

◎市長が作成し警察署長に交付した引取書の写しの例（必要事項が全て記載された例）

別記様式第２号（第６条関係）

死体及び所持品引取書

令和　４　年　４　月　１４　日

警視庁街谷　警察署長　殿

引取者
住居
職業　**東京都街谷市長**
氏名　**中　島　陽　子**　（東京都街谷市長之印）
年齢
死亡者との続柄

次の死体及び所持品を引き取りました。

死体	1　死亡者の ~~死産児の父母の~~ 本籍（国籍）	**神奈川県浜崎市港町１２３４番地** **筆頭者の氏名　高里康雄**
	2　死亡者の ~~死産児の父母の~~ 住居	**東京都街谷市月見台５４３番地** **（住民登録上の住所　東京都王寺市南野１丁目２番３号** **世帯主の氏名　高里康貴）**
	3　死亡者の氏名、年齢（推定年齢）及び性別 ~~死産児の性別及び妊娠月数~~	**高里康貴　昭和 47 年１月１日生（44 歳）、男**
	4　~~死亡者の 死産児の 人相、体格、特徴等~~	

品　名	
なし	

1　死亡者の本籍欄
◎本籍
○筆頭者の氏名
2　死亡者の住居
◎　住所（住民登録地に居住の実態がない場合は、居所又は「不詳」で可）
○　居所又は「不詳」のときは、住民登録上の住所を付記
○　世帯主の氏名
3　死亡者の氏名、年齢及び性別
◎　氏名、年齢、性別
○　生年月日
※◎は記載が必須の事項

注意　1　引取者が市区町村長の場合は、その職名及び氏名のみを記載すること。
　　　2　必要でない事項は、消すこと。

（用紙　日本産業規格Ａ４）

◎ 市長が作成し警察署長に交付した引取書の写しの例
（最低限の事項が記載された例＝不足部分は戸籍担当で付せん処理）

別記様式第２号（第６条関係）

死体及び所持品引取書

令和　４　年　４　月　１４　日

警視庁街谷　警察署長　殿

引取者
住居
職業　**東京都街谷市長**
氏名　**中　島　陽　子**　東京都街谷市長之印
年齢
死亡者との続柄

次の死体及び所持品を引き取りました。

死体			
	1	死亡者の ~~死産児の父母の~~ 本籍（国籍）	**神奈川県浜崎市港町１２３４番地**
	2	死亡者の ~~死産児の父母の~~ 住居	**東京都街谷市月見台５４３番地**
	3	死亡者の氏名、年齢（推定年齢）及び性別 ~~死産児の性別及び妊娠月数~~	**高里康貴　44 歳　男**
	4	~~死亡者の~~ ~~死産児の~~ ~~人相、体格、特徴等~~	

品		
なし		

戸籍担当において付せん処理する例

事件本人の筆頭者の氏名「高里康雄」
死亡者の住居欄の記載は居所と認める
事件本人の住所及び世帯主の氏名「東京都王寺市南野１丁目２番３号」「高里康貴」
事件本人の生年月日「昭和 47 年１月１日」

注意　1　引取者が市区町村長の場合は、その職名及び氏名のみを記載すること。
　　　2　必要でない事項は、消すこと。

（用紙　日本産業規格Ａ４）

身元が明らかであるが引取人のいない死体を市町村長に引き渡す際に交付する書類について（通達）

（令和2年3月31日警察庁丁捜一発第35号警察庁刑事局捜査第一課長から警視庁刑事部長・各道府県警察本部長・各方面本部長あて通達）

身元が明らかになっているが、引取人となる遺族等が存在せず若しくは所在が明らかでないため又は遺族等が引取りを拒否したため引取人のいない死体（以下「本件死体」という。）については、警察等が取り扱う死体の死因又は身元の調査等に関する法律（平成24年法律第34号）第10条第1項ただし書又は死体取扱規則（平成25年国家公安委員会規則第4号）第5条第1項ただし書により、死亡地の市町村長に引き渡すこととなるが、その際に警察から市町村長に交付する書類について法令上の明確な規定が設けられていないことから、一部の市町村との間において、実務に混乱が生じているところである。

この度、市町村長への死体引渡しの事務の斉一化及び円滑化を図るため、下記の措置を講じることとしたので、各府県においては、各市町村長と調整の上、順次運用を開始することとされたい。

なお、本通達の内容については、戸籍法を所管する法務省民事局民事第一課及び墓地、埋葬等に関する法律を所管する厚生労働省健康局生活衛生課と協議済みである。

記

1　経緯

戸籍法（昭和22年法律第224号）（以下「法」という。）第92条第1項及び死体取扱規則第7条第1項に基づき、警察官は、本籍が明らかでない死体を取り扱った場合には、死亡報告書に本籍等不明死体調査書を添付して市町村長に報告することとされている。また、その後の捜査等により、死亡者の本籍が明らかになった場合は、法第92条第２項及び死体取扱規則第７条第２項に基づき、死亡者の本籍等判明報告書により、市町村長に報告を行うこととされている。

他方、身元が明らかになった死亡者について警察が市町村長に通知した場合においては、死亡報告書、本籍等不明死体調査書及び死亡者の本籍等判明報告書の全ての交付を求める市町村がある一方で、死体調査等記録書の写しを求める例、特段の書面の交付を必要としない例、別途の書式による通知を求める例等が混在している。

2　今後の対応

本件死体の市町村長への引渡しに際しては、死亡報告書の交付等を行うのではなく、別添１（25頁）の通知書に「死体及び所持品引取書」の写しを添付して、市町村長への死亡通知を行うこととする。ただし、本件死体につき、既に市町村長との取決めにより、別添１の通知書に類する別の様式の書面を交付する運用が行われており、かつ、当該運用について特段の支障が生じていない場合には、今後も当該運用を継続して差し支えない。

3　留意事項

⑴　上記２に基づく死亡通知がなされた場合は、市町村において死亡報告に基づく戸籍記載をして差し支えない旨の解釈が、法務省民事局民事第一課より各法務局に対して示されている（別添２（略）「警察官からの死亡通知の取扱いについて（通知）」参照）。

⑵　上記２に基づく死亡通知を受けた市町村長は、墓地、埋葬等に関する法律（昭和23年法律第48号）第５条第２項の死亡の報告を受けた市町村長と同様に埋葬又は火葬の許可を行って差し支えない旨の解釈が、厚生労働省健康局生活衛生課より示されている（別添３（略）「警察官からの死亡通知の取扱いについて（通知）」参照）。

⑶　警察が死体を取り扱った当初は身元が判明しておらず、

その後の捜査等により身元が判明することが少なくないところ、本通達は、市町村長に死体を引き渡そうとする時点で、身元が明らかになっている場合に適用する。

②警察官からの死亡報告

戸籍法89条では、水難、火災その他の事変により死亡した者について、その取調べをした官公署が、死亡地の市区町村長に死亡の報告をする旨が定められています。これは、大規模災害等の状況においては、通常の死亡届出を期待することが困難で、取調官公署からの死亡報告の方が正確かつ迅速な戸籍の記載に資するという考えに基づくものですが、この「その他の事変」は幅広く解釈されており、例えば、一家の全員殺害又は自殺も含まれるとされています（戸籍第750号64頁以下、荒木文明＝菅弘美『戸籍のためのQ&A「死亡届」のすべて』98頁（日本加除出版、2013年））。

したがって、水難、火災に限らず、何らかの事件に巻き込まれて死亡した場合には、警察官は本条に基づく死亡報告をすることも可能です。

死亡報告では、死亡届書の標題部を「死亡報告」と修正し、届出人欄には警察署の所在地及び警察署長の職氏名を記載し、職印を押印することになります。添付書類は死亡診断書等となります。

なお、「その他の事変」に該当しないと考えられるような死亡事案（事件性のない孤独死等）において、警察官から本条に基づく死亡報告があったとしても、あえて提出を拒否する必要はありません。本条に基づく死亡報告として処理して差し支えないとされています（戸籍第750号64頁以下）。

★戸籍記載例

【死亡日時】令和４年２月２１日頃から２８日頃までの間
【死亡地】東京都街谷市
【報告日】令和４年４月１日
【報告者】街谷警察署長

福祉担当・戸籍担当の事務取扱い上の注意

◆死亡通知書関係

・戸籍法89条では、死亡報告先は死亡地とされていますので、必ず死亡地を確認します（例外として海外での死亡の場合は死亡者の本籍地）。

・墓地埋葬法9条では、死亡地の市区町村長が葬祭を執行すべきとされています。死亡地が他区市町村であれば、当該死亡地の市区町村長に葬祭執行者が変更となる可能性があります。

・死亡地以外の市区町村長が葬祭を執行する場合（死亡者が生活保護受給者等）や、死亡地の管轄警察署が異なる場合もありますが、死体を取り扱った警察署長が死亡報告をするのは、あくまでも死亡地の市区町村長です。

・報告先市区町村長に誤りがある場合、福祉担当は警察担当者と打ち合わせて、報告先を訂正してもらう等の対応が必要です。

・死亡診断書等と死亡報告書の「死亡したとき」の死亡日時の記載が完全一致していることを確認します（戸籍の記載に関わるので「頃」「推定」の有無等の細かい表記の差もないか注意）。

・書類相互の記載に矛盾があるときは受理できないので、整合するように警察に訂正を依頼します。

◎ 警察官からの死亡報告例

~~死亡届~~
死亡報告
令和4年4月8日届出

東京都街谷市長 殿

受理 令和4年4月8日 第570号	発送 令和 年 月 日
送付 令和 年 月 日 第 号	長印

書類調査	戸籍記載	記載調査	調査票	附票	住民票	通知

(1)	(よみかた)	なかの あかり
(2)	氏名	氏 中野 名 あかり □男 ☑女
(3)	生年月日	昭和45年6月7日（生まれてから30日以内に死亡したときは生まれた時刻も書いてください）□午前 □午後 時 分
(4)	死亡したとき	令和4年2月下旬頃~~日~~ □午前 □午後 時 分
(5)	死亡したところ	東京都 街谷市 岸谷8丁目 7 ~~番地~~ 番 先 号
(6)	住所（住民登録をしているところ）	東京都 街谷市 岸谷3丁目4番地1 岸谷ハイツ301
		世帯主の氏名 中野 あかり
(7)	本籍（外国人のときは国籍だけを書いてください）	千葉県 千葉みらい市 臨港町 34 番地 ~~番~~
		筆頭者の氏名 中野 大輔
(8)(9)	死亡した人の夫または妻	□いる（満 歳） いない（☑未婚 □死別 □離別）
(10)	死亡したときの世帯のおもな仕事と	□1. 農業だけまたは農業とその他の仕事を持っている世帯 □2. 自由業・商工業・サービス業等を個人で経営している世帯 □3. 企業・個人商店等（官公庁は除く）の常用勤労者世帯で勤め先の従業者数が1人から99人までの世帯（日々または1年未満の契約の雇用者は5） ☑4. 3にあてはまらない常用勤労者世帯及び会社団体の役員の世帯（日々または1年未満の契約の雇用者は5） □5. 1から4にあてはまらないその他の仕事をしている者のいる世帯 □6. 仕事をしている者のいない世帯
(11)	死亡した人の職業・産業	（国勢調査の年… 年…の4月1日から翌年3月31日までに死亡したときだけ書いてください）職業 / 産業
	その他	
	届出人	□1. 同居の親族 □2. 同居していない親族 □3. 同居者 □4. 家主 □5. 地主 □6. 家屋管理人 □7. 土地管理人 □8. 公設所の長 □9. 後見人 □10. 保佐人 □11. 補助人 □12. 任意後見人 □13. 任意後見受任者
		住所 東京都 街谷市 浅田町3丁目1番3号
		本籍 番地 番 筆頭者の氏名
		署名（※押印は任意） 警視庁街谷警察署長 警視 小松尚隆 〔警視庁街谷警察署長〕 年 月 日生

事件簿番号	

(5)　福祉事務所長等からの死亡事項記載申出

死亡届出や警察官からの死亡通知の手続きによることができないときは、福祉事務所長等からの死亡事項の職権記載を促す申出を受け、本籍地の市区町村長の職権により戸籍に死亡の記載をすることができます。

これは、届出義務者・資格者以外からの死亡届があった場合の例外的な取扱いで、平成25年3月21日付法務省民一第285号法務省民事局民事第一課長通知（以下、「本件通知」という。）により、「福祉事務所の長……からの職権記載を促す申出であって、届出事件本人と死亡者との同一性に疑義がないものについては、……管轄法務局又は地方法務局の長の許可を包括的に与えることとし、市区町村長限りで死亡事項の職権記載をして差し支えない」とされたものです。

福祉事務所長等からの死亡記載申出を行う場合は、便宜、死亡届書用紙を使用し、「死亡に関する申出書」「死亡事項記載申出書」などにタイトルを訂正し、届出人欄を申出人欄と訂正するか、「その他」欄において死亡事項記載申出であることを明記した上、福祉事務所等の所在地・福祉事務所長等の職氏名を記載し、職印を押印することになります。また、親族等からの死亡届出が期待できない経過について別紙で添付することが必要となります。宛先の市区町村長は本籍地市区町村長になります。

申出書を受領した戸籍事務担当の対応は、死亡者の本籍地に応じて分かれます。自市区町村が本籍地の場合は市区町村職権記載により死亡除籍の記載をしますが、非本籍地の場合は、申出書の回送の手続きを執ることになります。

なお、本籍地による死亡除籍の前、申出書を受領した時点でも死亡診断書等記載内容を踏まえ、埋火葬許可権者の立場で、死体埋火葬許可をして差し支えないと考えます。

本件通知では、①福祉事務所長等からの死亡記載申出であること、

②届出事件の本人と死亡者の同一性に疑義がないこと、が死亡の職権記載が可能か否かの論点だと解釈されます。このうち、②について、本件通知に関する法務省からの事務連絡（Q&A）においては、「同一人性に疑義がないとはどういう場合か」という問いに対し「申出人（福祉事務所等）が、生前から届出事件本人に一定程度関与しており、届出事件本人が死亡した事実を認定することに疑義がない場合等」とされているところです。すなわち、福祉事務所長等からの死亡記載申出であっても、市区町村長において「同一人性に疑義がない」とまで言い切れないような場合は、本件通知の取扱いは適用できないと考えられます。

この「一定程度関与」の解釈については、各市区町村の判断が分かれるところですが、少なくとも、死亡者に市区町村の福祉サービスの利用等の関与が一切ない場合には、本件通知の取扱いの適用はできないと考えます。

また、届出義務者である同居者や家屋管理人があれば、それらの者に対して戸籍事務管掌者である市区町村長名で死亡届出の催告が必要となることもあります。

家屋管理人等からの死亡届や警察官からの死亡通知によることができる場合は、それらの届出や通知によることが、速やかな戸籍の記載に資すると考えます。

なお、この手続きはあくまでも戸籍に死亡の記載をするための手続きとなりますので、外国人の死亡者については、この手続きによることができません（外国人の場合、死亡届は不受理処分となります）。外国人の死亡者の場合は、家屋管理人等からの死亡届か警察官からの死亡通知によることが適切です。

★戸籍記載例

【死亡日時】令和４年１月１日頃から１０日頃までの間
【死亡地】東京都街谷市
【除籍日】令和４年４月１４日

※非本籍地から申出書が届いた場合、「受理した届書の送付」では

なく、「申出書の回送」なので、【送付を受けた日】【受理者】は記録しません。

福祉担当の事務取扱い上の注意

・死亡事項記載申出は、死亡届や警察官からの死亡通知とは異なります。あくまでも「申出」であり、死亡届・通知とは除籍や住民票の除票のタイミングが遅れることがあります。死亡届・通知により死亡の手続きができる場合には、それらによることが適当です。

・死亡事項記載申出は、あくまでも戸籍に死亡事項を記載するための申出であることから、戸籍に記載されている者、つまり日本人の死亡でしか用いられません。死亡者が外国人の場合は、死亡届・通知により手続きができないか家屋管理人等や警察と調整することが必要です。

戸籍担当の事務取扱い上の注意

①非本籍地で申出を受けた場合

・届書ではなく申出書なので、本籍地宛てに回送する取扱いです。受付帳ではなく、戸籍発収簿に記載します（戸籍システム上で受領番号は取得しない）。

・本籍地宛回送する旨の起案文書（申出書謄本及び添付書類の写し）は「戸籍に関する雑書類」のフォルダに１年間保存します（戸籍第921号66頁）。

・本籍地からの住民基本台帳法９条２項通知により住民票の処理を行うので、「戸籍記載後、住民基本台帳法９条２項通知を住所地宛てに送付されたい」旨のメモ又は連絡文書を一緒に送ります（連絡文書には本籍地での事務処理の参考事項として「火葬許可証交付済」のような内容も記載しておくのが望ましい)。

・自市区町村に住民登録があるときは、住民記録システムに「令和○年○月○日福祉事務所長から死亡事項記載申出あり、本籍地に回送済み、9条2項通知待ち、詳細は戸籍担当○○まで」のような注意フラグ設定をしておくと、住民記録担当も状況が把握できるので望ましいと考えます。

・本籍地による死亡除籍の前、申出書を受領した時点でも死亡診断書等記載内容を踏まえ、埋火葬許可権者の立場で、死体埋火葬許可をして差し支えないと考えます。

②本籍地に申出書が回送されてきた場合

・戸籍職権記載書を別途作成するか、申出書を便宜、届書として扱い、審査の上、受理日・受理番号の記載等、戸籍届書としての処理をします。

・非本籍地は「届書の受理・送付」はしておらず、「申出書の回送」をしただけですので、戸籍に【送付を受けた日】【受理者】の記録は不要です。受付帳の受理・送付区分も「受理分」となります。

・戸籍記載後、住所地宛てに住民基本台帳法9条2項通知を送付します。

③本籍地で申出を受けた場合

・戸籍職権記載書を別途作成するか、申出書を便宜、届書として扱い、審査の上、受理日・受理番号の記載等、戸籍届書としての処理をします。

・戸籍記載後、住所地宛てに住民基本台帳法９条２項通知を送付します。

④死亡者が外国人の場合

死亡事項記載申出は、あくまでも戸籍に死亡事項を記載するための申出であることから、戸籍に記載されている者、つまり日本人の死亡でしか用いられません。外国人の死亡については、無資格者からの死亡届として扱い、不受理処分とするよりほかありません（詳細 48 頁）。

《参考》

平成 25 年 3 月 21 日付法務省民一第 285 号法務省民事局民事第一課長通知

死亡届の届出義務者がいない場合又は届出義務者からの届出を期待することができない場合における職権による死亡事項の戸籍への記載の取扱いについて

標記の場合における死亡事項の迅速な戸籍への記載に資するため、福祉事務所の長及びこれに準ずる者からの職権記載を促す申出であって、届出事件本人と死亡者との同一性に疑義がないものについては、あらかじめ戸籍法第 44 条３項及び第 24 条第２項に規定する管轄法務局又は地方法務局の長の許可を包括的に与えることとし、市区町村長限りで死亡事項の職権記載をして差し支えないものとするとともに、この取扱いにおける戸籍の記載は、平成２年３月１日付け法務省民二第 600 号民事局長通達別紙戸籍記載例及び平成６年 11 月 16 日付け法務省民二第 7000 号民事局長通達別紙第２号記録事項証明書の記載例 170 の例に準じて下記のとおりとしますので、これを了知の上、貴管下支局長及び管内市区町村長への周知並びに管内市区町村長への包括的な職権記載の許可の付与について取り計らい願います。

なお、戸籍法第87条第2項に規定する届出資格者の調査については、死亡事項の職権記載をする前提として行わなければならないものではありませんので、念のため申し添えます。

記

1　紙戸籍の場合

「平成弐拾五年参月弐拾日推定午前六時東京都千代田区で死亡同月弐拾五日除籍（印）」

2　コンピュータ戸籍の場合

死　　亡　【死亡日】平成２５年３月２０日
　　　　　【死亡時分】推定午前６時
　　　　　【死亡地】東京都千代田区
　　　　　【除籍日】平成２５年３月２５日

◎ 福祉事務所長からの死亡事項記載申出

死亡事項記載申出書
~~死　亡　届~~

令和　4年　4月　8日届出

神奈川県相模中央市 長　殿

受理　令和　年　月　日 第　号	発送　令和　年　月　日
送付　令和　年　月　日 第　号	長印

書類調査	戸籍記載	記載調査	調査票	附票	住民票	通知

(1)	(よみかた)	とします　ゆういち
(2)	氏名	氏 豊島　名 祐一　☑男　□女
(3)	生年月日	昭和 44年 2月 22日（生まれてから30日以内に死亡したときは生まれた時刻も書いてください）□午前 □午後　時　分
(4)	死亡したとき	令和 4 年 4 月 3 日　☑午前 □午後　10 時 0 分
(5)	死亡したところ	東京都 街谷市 七森町７丁目７番1-201号
(6)	住所（住民登録をしているところ）	東京都 街谷市 七森町７丁目７番1-201号
		世帯主の氏名　豊島　祐一
(7)	本籍（外国人のときは国籍だけを書いてください）	神奈川県 相模中央市 渕上 22 番
		筆頭者の氏名　豊島　祐一
(8)(9)	死亡した人の夫または妻	□いる（満　歳）　いない（□未婚　☑死別　□離別）
(10)	死亡したときの世帯のおもな仕事と	□1. 農業だけまたは農業とその他の仕事を持っている世帯 □2. 自由業・商工業・サービス業等を個人で経営している世帯 □3. 企業・個人商店等（官公庁は除く）の常用勤労者世帯で勤め先の従業者数が１人から99人までの世帯（日々または１年未満の契約の雇用者は５） □4. ３にあてはまらない常用勤労者世帯及び会社団体の役員の世帯（日々または１年未満の契約の雇用者は５） □5. １から４にあてはまらないその他の仕事をしている者のいる世帯 ☑6. 仕事をしている者のいない世帯
(11)	死亡した人の職業・産業	（国勢調査の年…　年…の4月1日から翌年3月31日までに死亡したときだけ書いてください） 職業　　産業
	その他	死亡届出をする者がないので、街谷市福祉事務所長が死亡事項記載申出をする。
申出人	~~届出人~~	□1. 同居の親族　□2. 同居していない親族　□3. 同居者　□4. 家主　□5. 地主　□6. 家屋管理人　□7. 土地管理人　☑8. 公設所の長　□9. 後見人　□10. 保佐人　□11. 補助人　□12. 任意後見人　□13. 任意後見受任者
	住所	東京都 街谷市 森町　1丁目　20番　23号
	本籍	番地 番　筆頭者の氏名
	署名（※押印は任意）	街谷市福祉事務所長 大木 鈴江　印（街谷市福祉事務所長印）　年　月　日生

事件簿番号	

◎参考：死亡事項記載申出書に添付する経過書様式例

令和　　年　　月　　日

本籍地市区町村長　殿

福祉事務所長等職・氏名

印

死亡事項記載事項記載申出に至る経過書

標記の件について、死亡届の届出義務者がいない場合又は届出義務者からの届出を期待することができない死亡者につき、当職が死亡事項記載申出に至った経過は下記のとおり、申し述べます。

記

第１　死亡者

氏名	
生年月日	昭和・平成　　　年　　月　　日
本籍	
筆頭者の氏名	

第２　当職からの死亡事項記載申出に至る経過等

１　当職との関与

年　　月　　日　から　　年　　月　　日　まで

□　生活保護受給中
□　生活保護等相談継続中
□　その他（　　　　　　　　　　）

2　当職からの死亡事項記載申出に至った理由

①届出義務者の状況

・同居の親族、その他の同居者

□　同居の親族等がないため

□　その他（　　　　　　　　　　　　　　　）

・家主、地主又は家屋若しくは土地の管理人

□　死亡者自己所有等で他に管理人等がないため

□　管理人等を当職が把握していないため、
又は、管理人等が不明であるため

□　その他（　　　　　　　　　　　　　　　）

②参考事項（把握している死亡届出資格者の状況等）

経過書の様式は定められていません。

①死亡者を特定する情報（氏名・生年月日・戸籍の表示）、②死亡事項記載申出に至る経緯（福祉事務所との関与、届出義務者の状況、その他参考事項）、③福祉事務所長等職氏名を適宜の様式に記載し、福祉事務所長等の職印を押印すれば足りると考えます。

◎ 参考：死亡事項記載申出書に添付する経過書記載例

令和　4年　4月　8日

本籍地市区町村長　殿

福祉事務所長等職・氏名

街谷市福祉事務所長
大木　鈴江
街谷市福祉事務所長（印）

死亡事項記載申出に至る経過書

標記の件について、死亡届の届出義務者がいない場合又は届出義務者からの届出を期待することができない死亡者につき、当職が死亡事項記載申出に至った経過を下記のとおり、申し述べます。

記

第１　死亡者

氏名	**豊島　祐一**
生年月日	**昭和　44　年　2　月　22　日**
本籍	**神奈川県相模中央市渕上２２番**
筆頭者の氏名	**豊島　祐一**

第２　当職からの死亡事項記載申出に至る経過等

１　当職との関与

令和元年**８**月**１**日　から　~~年　月　日まで~~

☑生活保護受給中
□生活保護等相談継続中
□　その他（　　　　　　　　　　　）

２　当職からの死亡事項記載申出に至った理由

①届出義務者の状況

・同居の親族、その他の同居者

☑　同居の親族等がないため

□　その他（　　　　　　　　　　　　　）

・家主、地主又は家屋若しくは土地の管理人

☑　死亡者自己所有等で他に管理人等がないため

□　管理人等を当職が把握していないため、又は、管理人等が不明であるため

□　その他（　　　　　　　　　　　　　）

②参考事項（把握している死亡届出資格者の状況等）

当職が把握している同居していない親族の状況

・　父母は死亡しています。

・　長女葛飾花子（平成２年２月２８日生）からは死亡届出人になることを含めて一切の関わりを拒否する旨の回答がありました。

・　長男豊島一郎（昭和６３年４月８日生）は、所在不明であり、連絡が取れません。

令和　　年　　月　　日

⑹　その他の者からの死亡事項記載申出

死亡届出や警察官からの死亡通知の手続きによることができず、死亡届出資格のない者からの死亡届出があったときは、死亡事項記載申出として扱われることになります。本籍地の市町村長は、管轄法務局の許可を得て戸籍に死亡の記載をすることができます（福祉事務所長等からの死亡事項記載申出であっても、同一人性に疑義がないとまではいえない事例を含みます）。

死亡事項記載申出を行う場合は、便宜、死亡届書用紙を使用し、「死亡に関する申出書」「死亡事項記載申出書」などにタイトルを訂正し、届出人欄を申出人欄と訂正するなど、死亡事項記載申出であることを明らかにした上、申出人の住所、本籍・筆頭者の氏名、生年月日を記載し、署名することになります（押印は任意）。福祉事務所長等が職務として申出をする場合は、福祉事務所等の所在地・福祉事務所長等の職氏名を記載し、職印を押印することになります。また、親族等からの死亡届出が期待できない経過について別紙で添付することが必要となります。

届出義務者である同居者や家屋管理人があれば、それらの者に対して戸籍事務管掌者である市区町村長名で死亡届出の催告が必要となることもあります。家屋管理人等からの死亡届や警察官からの死亡通知によることができる場合は、それらの届出や通知によることが、速やかな戸籍の記載に資すると考えます。

なお、この手続きはあくまでも戸籍に死亡の記載をするための手続きとなりますので、外国人の死亡者については、この手続きによることができません（外国人の場合、死亡届は不受理処分となります）。外国人の死亡者の場合は、家屋管理人等からの死亡届か警察官からの死亡通知によることが適切です。

★戸籍記載例

【死亡日時】令和４年１月１日頃から１０日頃までの間

【死亡地】東京都街谷市

【許可日】令和４年４月１２日

【除籍日】令和４年４月１４日

福祉担当の事務取扱い上の注意

・死亡事項記載申出は、死亡届や警察官からの死亡通知とは異なります。あくまでも「申出」であり、戸籍担当が管轄法務局に戸籍記載許可申請をし、許可を得てから除籍となります。死亡届・通知とは異なり除籍や住民票の除票に数週間程度の日数を要します。死亡届・通知により死亡の手続きができる場合には、それらによることが適当です。

・死亡事項記載申出は、あくまでも戸籍に死亡事項を記載するための申出であることから、戸籍に記載されている者、つまり日本人の死亡でしか用いられません。死亡者が外国人の場合は、死亡届・死亡通知による手続きができないか家屋管理人等や警察と調整するべきです。

戸籍担当の事務取扱い上の注意

①非本籍人の場合

・届書ではなく申出書なので、本籍地宛てに回送する取扱いです。受付帳ではなく、戸籍発収簿に記載します（戸籍システム上で受領番号は取得しない）。

・本籍地宛回送する旨の起案文書（申出書謄本及び添付書類の写し）は「戸籍に関する雑書類」のフォルダに１年間保存します（戸籍第921号66頁）。

・本籍地からの住民基本台帳法９条２項通知により住民票の処理を行うので、「戸籍記載後、住民基本台帳法９条２項通知を住所地宛てに送付されたい」旨と、届出義務者や届出資格者について把握しているときは、その経過を記載したメモ又は連絡文書を一緒に送ります（連絡文書には本籍地での事務処理の参考事項として「火葬許可証交付済」のような内容も記載しておくのが望ましい）。

・自市区町村に住民登録があるときは、住民記録システムに「令和○年○月○日死亡事項記載申出あり、本籍地へ回送済み、９条２項通知待ち、詳細は戸籍担当○○まで」のような注意フラグ設定をしておくと、住民記録担当も状況が把握できるので望ましいと考えます。

②本籍人の場合

・死亡届書を申出書として扱い、経過書等の添付書類のほか、本籍地において把握した届出義務者・届出資格者等の経過書も適宜作成し、戸籍記載申請書を管轄法務局に送付します。管轄法務局長の許可を得て、職権で死亡事項を記載し、除籍することになります。

・戸籍記載後、住所地宛てに住民基本台帳法９条２項通知を送付します。

③死亡者が外国人の場合

死亡事項記載申出は、あくまでも戸籍に死亡事項を記載するための申出であることから、戸籍に記載されている者、つまり日本人の死亡でしか用いられません。外国人の死亡については、無資格者からの死亡届として扱い、不受理処分とするよりほかありません（詳細後述）。

(7) 無資格者からの外国人の死亡届

死亡届出や警察官からの死亡通知・死亡報告の手続きによることができず、死亡届出資格のない者からの死亡届出があったときは、死亡事項記載申出として扱われることは前項までに述べました。しかし、死亡事項記載申出は、あくまでも戸籍に死亡事項を記載するための申出であることから、戸籍に記載されている者、つまり日本人の死亡でしか用いられません。すなわち、外国人の死亡について、死亡事項記載申出により死亡の手続きをすることはできません。

事前相談があった際には、極力、死亡届・死亡通知等により手続きができないか家屋管理人等や警察と調整することが妥当と考えます。

外国人の死亡における無資格者からの死亡届は、不受理処分とするよりほかありません。なお、墓地埋葬法の埋火葬許可申請があったときには、埋火葬許可申請書と死亡診断書等の記載内容を踏まえ、埋火葬許可権者である市区町村長の立場で同一人性を判断し、死体埋火葬許可をすることは差し支えないとされています（東京戸籍事務研究会『レジストラー・ブックス120　戸籍実務相談Ⅲ』274頁以下（日本加除出版、2007年））。

不受理処分となると、住民基本台帳法９条２項通知による住民票の死亡除票もできません。住民基本台帳を管理する市区町村長は、同様に死亡診断書等の記載内容を踏まえて、住民票を死亡により職権消除するかを判断することになります。特に、死亡届の提出を受けた市区町村と住所地が異なる場合は、別途、住所地の市区町村長にも相談する必要があります。

また、不受理処分となった死亡届書及び添付書類の死亡診断書等は、戸籍法48条２項の対象外となりますので、届書記載事項証明書の請求に応じることもできなくなります。死亡者の本国領事機関等に対して死亡の事実を公証することが困難となることも考えられます。

福祉担当の事務取扱い上の注意

・死亡事項記載申出は、あくまでも戸籍に死亡事項を記載するための申出であり、日本人の死亡でしか用いられません。外国人が死亡した場合は、無資格者からの死亡届として不受理処分になります。

・埋火葬許可を得て埋火葬することは可能ですが、住民票の死亡職権消除や本国領事機関への連絡等、煩雑な手続きが別途必要となります。

・死亡者が外国人の場合は、死亡届・死亡通知による手続きができないか家屋管理人等や警察と調整することが妥当です。

戸籍担当の事務取扱い上の注意

・死亡事項記載申出は、あくまでも戸籍に死亡事項を記載するための申出であり、日本人の死亡でしか用いられません。外国人が死亡した場合は、無資格者からの死亡届として不受理処分とします。

・埋火葬許可申請に基づき、同一人性を判断して、埋火葬許可をすることは可能です。

・住民基本台帳法９条２項通知による住民票の死亡除票はできません。住民基本台帳を管理する市区町村長は、同様に住民票を死亡により職権消除するかを判断することになります。

・不受理処分となった死亡届書及び添付書類の死亡診断書等は、戸籍法48条２項の対象外です。届書記載事項証明書の請求に応じられません。

第2 行旅死亡人取扱関係

1 はじめに

行旅死亡人とは、「行旅中死亡シ引取者ナキ者」「住所、居所若ハ氏名知レス且引取者ナキ死亡人」と定義されています（行旅病人及行旅死亡人取扱法１条）。

前者の「行旅中」とは一般的に日常生活圏を離れた状態を指します。いわゆる客死のことですが、現状の行旅死亡人取扱業務においては、後者、すなわち身元不明の死亡人で引取者がいない死亡人の取扱いが中心となります。

行旅死亡人等取扱業務において市区町村の担当者が精通することが求められる法分野として、筆頭に挙げられるのは行旅病人及行旅死亡人取扱法と、墓地埋葬法９条です。ほかには、生活保護法、災害救助法などが関係する場合もあります。これらについては、所管する都道府県の福祉部局が作成した市区町村向けのマニュアル等によって整理されているところもあります。

ところで、行旅死亡人等は、そのほとんどが、警察による死因・身元調査の対象となっています。警察では、刑事訴訟法、検視規則、死因・身元調査法、死体取扱規則などを根拠とし、司法警察活動又は行政警察活動としての調査を行います。換言すれば、警察による調査が先行して行われ、それでもなお身元不明あるいは引取者がいないことから市区町村に死体が引き渡されることになります。そして、市区町村が行旅死亡人の葬祭を執行するに当たり避けられないのが、戸籍法に基づく死亡の届出・報告・通知と、それに連なる墓地埋葬法に基づく埋葬・火葬です。

さらに、身元が判明すれば、死亡の事実を戸籍に記載するための手続きや遺族等への遺骨の引渡しも発生します。

これらの手続きに要する書類、例えば警察官による死亡報告書等は、実務上、市区町村への死体引渡しとあわせて警察から市区町村の行旅法担当者に交付されます。この書類は戸籍法上の書類となるため、その内容に不備があると、行旅法担当者は、戸籍事務担当者と警察署担当者との間で連絡調整をする必要が生じます。その際には、それぞれの関係法令を横断的に理解しておかないと調整に苦慮することになります。

ここからは、行旅死亡人取扱業務の流れと、主に警察が作成し、戸籍法の死亡手続きに基づき必要となる諸々の書類を中心に解説します。

2　行旅死亡人等取扱いに当たっての心構え

行旅死亡人等の取扱いに当たって市区町村の担当者が忘れてはならないことは、死体というものは死亡するまでは一人の人間であったという厳然たる事実です。死後、初めて対面したとしても、「人間であったもの」である死体、その人格も含めて言うなれば死者、に対する最低限の礼意を失することなく対応することは、社会通念上、当然のことであるとともに、その理念は死因・身元調査法や墓地埋葬法にもうたわれています。

この点について、旧・死体取扱規則の同様の規定に言及した警察官向けの文献では、「死体に接する機会の多い警察官の中には、ともすれば死体に慣れ過ぎて、物的な取扱いをする者も出てくるおそれがあることから、特にこの規定が設けられた」と述べられています（捜査実務研究会『現場警察官のための死体の取扱い』55頁（立花書房、2008年））。また、警察庁刑事局捜査第一課長から発せられた平成25年3月8日付警察庁丁捜一発第19号「警察等が取り扱う死体の死因又は身元の調査等に関する法律等の解釈について」においても、『「礼意を失わないように」とは、死体を取り扱うに当たって、黙礼、場合によっては合掌するのはもちろんのこと、死体を移動したり、解剖に付する場合、又はその後に安置する場合においても、取扱いや場所の選定に十分配意することをいう。なお、死亡者の信仰している宗派が判明している場合には、これにも可能な限り配慮する必要がある』とされています。

また、火葬執行後に死者の身元が判明すれば、遺族等に対し、遺骨の引渡しをするとともに取扱費用の弁償を求める場面もあります。その際には、遺族等の心情に十分配慮することが必要となります。平成25年3月8日付警察庁丁捜一発第19号では「警察官にとっては、死体を取り扱う機会は日常茶飯事であっても、遺族にとっては、親族が亡くなることは非日常的な事態であり、精神的に大きなショックを受けているということを十分に念頭に置いて対応することや死亡者がなぜ亡くなったのか知りたいという想いに可能な限り丁寧に応える」ことが求められています。

これらの心構えは市区町村の担当者についても求められるべきものと考えます。

法医学が「人が受ける最後の医療」とは、よくいわれますが、行旅死亡人等取扱業務は、死亡者にとって「最後の行政サービス」であることを忘れてはいけません。

◆参考条文◆

死因・身元調査法

第２条（礼意の保持）

警察官は、死体の取扱いに当たっては、礼意を失わないように注意しなければならない。

第３条（遺族等への配慮）

警察官は、死体の取扱いに当たっては、遺族等の心身の状況、その置かれている環境等について適切な配慮をしなければならない。

墓地埋葬法

第１条〔法律の目的〕

この法律は、墓地、納骨堂又は火葬場の管理及び埋葬等が、国民の宗教的感情に適合し、且つ公衆衛生その他公共の福祉の見地から、支障なく行われることを目的とする。

◆ポイント◆

■　担当者は、死者に対する礼を失することがないよう留意すべきです。

■　担当者は、遺族等に対しても、その心情に十分配慮すべきです。

3　行旅死亡人等取扱いの実施機関

⑴　概論

行旅死亡人等発生の連絡が警察から市区町村にあったときは、死体の引渡しを受ける前に事実関係、特に適用法令、原因発生地、死亡地（死体発見地）の３点は取扱いや死亡届等の提出先の市区町村がどこになるかを左右するものであるため、事前に十分、確認する必要があります。

⑵　行旅死亡人・引取者なき死体

行旅死亡人や身元が判明しているが引取者のない死体（墓地埋葬法９条）は死亡地主義であり、死亡地（死亡地が不明なときは死体発見地）の市区町村が取り扱うことなります。したがって、死亡地がどこであるかが重要となります。例えば、Ａ市内で倒れているのが発見され、Ｂ市内の病院に搬送されたが、病院到着時死亡が確認された場合は、死亡地であるＢ市が取り扱うべき市区町村となります。そして、例外的な取扱いは次のようなものがあります（東京都福祉保健局生活福祉部保護課「行旅病人、行旅死亡人及び墓地埋葬法第９条事務の手引」47頁）。

ケース１：搬送中の死亡

死亡者はＡ市で瀕死の状態で発見されたが、Ｂ市管内の病院に救急搬送する途中に死亡した場合で、死体検案書に死亡したところが「Ａ市○○町123番地先路上からＢ市××4丁目5番6号□□病院の間」などと記載され、死亡地が判然としないときは、原因発生地であるＡ市の取扱いとなります。

ケース２：漂流死体の入港地

海上を漂流していた死体を船舶が収容し、Ａ市に入港した場合は、入港地であるＡ市の取扱いとなります（昭和27年6月30日衛環第66号北海道衛生部長宛厚生省環境衛生課長回答）。

⑶　行旅病人・生活保護適用者

死亡者が生前、病院等に収容されるなどして、医療費が発生したことから行旅病人としての救護や生活保護法を適用する場合、これらは原因発生地主義となります。

Ａ市で発見され搬送先のＢ市の病院で入院加療中に死亡した場合を例にします。行旅法に基づく行旅病人が死亡した場合は、救護地であるＡ市が行旅病人救護に引き続いて行旅死亡人取扱いの実施機関となります。

一方で、Ａ市において生活保護を適用していた場合は、生活保護法の葬祭扶助で対応することとなりますが、行旅法に基づく告示・公告については生活保護の実施責任とは関係なく死亡人の所在地の市区町村が行うため、死亡地であるＢ市で告示・公告のみ行うことになるので、Ａ・Ｂ両市の間で調整が必要となります（埼玉県福祉部社会福祉課医療保護担当『行旅病人、行旅死亡人取扱いの手引（第4版）』51頁以下（埼玉県福祉部社会福祉課医療保護担当、2006年））。

⑷　実施機関に関する小括

上述のように、関連する法令の中から何が適用されたかについて、実施機関が異なります。これらをまとめたものが次頁の表１です。

これと異なる取扱いをする場合は、関係市区町村間で協議するのはもちろん、最終的に費用弁償を求めることになる都道府県にも事前連絡の上、調整しておくことが必要となります。

ところで、当該死体がいつ・どこで死亡したのかを終局的に判断するのはだれでしょうか。例えば、警察官が作成した本籍等不明死体調査書では、A市の発生場所で発生時刻に死亡（即死）となっているが、検案医の作成した死体検案書上、B市の搬送先病院において臨床医が死亡確認した時刻で死亡した旨が記載されているとします。そうすると、少なくとも死亡場所について矛盾があるので、行旅死亡人等を取り扱うべき市区町村が明らかとなっていないほか、日時の矛盾も、身元が判明した場合の戸籍の記載の問題、また相続をめぐる紛争すら発生し得ることになってしまいます。このような事例では、あらかじめ警察の責任において訂正し、書類を整合させる必要があると考えます。

通常、死亡の事実は、当然に医学的判断であるので、医師の作成した死体検案書の記載が第一義的に優先されるべきであると考えます。

表1：原因発生地・死亡地と行旅死亡人等取扱実施機関の関係

原因発生地	死亡地	他法等の適用			行旅死亡人等取扱実施機関
		有無	内容	実施機関	
不明又はA市	A　市	×			A　市
A　市	B　市	×			B　市
		○	行旅病人	A市	A　市
		○	生活保護	A市	B市（告示公告のみ） ※A市葬祭扶助実施
A　市	A市かB市か不明	×			A市
漂流死体収容船舶がA市に入港（原因発生地・死亡地不問）					A市

(5)　警察の管轄

警察の管轄としては死亡地主義を原則としつつも、救急車等第三者により移動がなされた場合は、原因発生地主義となることもあります（新潟県警察「死体取扱要領」第3）。非犯罪死体は「死亡原因を先に覚知し、又は死体を取り扱った警察署」の取扱いとなるので、A市で発見され搬送先のB市の病院で死亡した例では、警察に通報が入った時点によって管轄が異なると思われます（捜査実務研究会『現場警察官のための死体の取扱い』11頁（立花書房、2008年））。

なお、他市区町村を管轄する警察署が事件として取り扱った関係で、死亡地の市区町村に死亡報告がされるといったケースはありますが、市区町村の行旅法担当者や戸籍事務担当者が警察の管轄を意識することは、実務上、ほぼありません。

(6) 戸籍法の死亡報告先

戸籍法の手続きは純然たる死亡地主義です。死亡届出は死亡地、死亡者の本籍地、届出人の所在地のいずれでも可能ですが、警察官からの死亡報告は、取扱実施機関や管轄警察署にかかわらず、死亡地の市区町村長にするものとされています。なお、死亡地が不明である場合には、死体が最初に発見された地が報告先になります（荒木文明＝菅弘美『戸籍のためのQ&A 「死亡届」のすべて』25頁（日本加除出版、2013年））。

死亡報告に準じてなされる引取者なき死体（身元判明）に関する死亡通知が、死亡地以外の市区町村になされた場合には、死亡地の市区町村長宛てに改めて通知するよう警察署長に依頼するのが相当です。通知先の変更に応じないときでも、警察署長に死亡地の補記を求める等の対応が必要となります（戸籍時報第737号107頁）。

◆参考条文◆

死因・身元調査法

第10条（死体の引渡し）

警察署長は、死因を明らかにするために必要な措置がとられた取扱死体について、その身元が明らかになったときは、速やかに、遺族その他当該取扱死体を引き渡すことが適当と認められる者に対し、その死因その他参考となるべき事項の説明を行うとともに、着衣及び所持品と共に当該取扱死体を引き渡さなければならない。ただし、当該者に引き渡すことができないときは、死亡地の市町村長（特別区の区長を含む。次項において同じ。）に引き渡すものとする。

2　警察署長は、死因を明らかにするために必要な措置がとられた取扱死体について、その身元を明らかにすることができないと認めるときは、遅滞なく、着衣及び所持品と共に当該取扱死体をその所在地の市町村長に引き渡すものとする。

死体取扱規則第５条（死体の引渡し）　※死因・身元調査法の取扱死体以外の死体

警察署長は、法第４条第１項の規定による報告又は死体に関する法令に基づく届出に係る死体（取扱死体を除く。）について、当該死体を引き渡したとしてもその後の犯罪捜査に支障を及ぼすおそれがないと認められる場合において、当該死体の身元が明らかになったときは、速やかに、遺族その他当該死体を引き渡すことが適当と認められる者に対し、その後の犯罪捜査又は公判に支障を及ぼさない範囲内においてその死因その他参考となるべき事項の説明を行うとともに、着衣及び所持品と共に当該死体を引き渡さなければならない。ただし、当該者に引き渡すことができないときは、死亡地の市町村長（特別区の区長を含む。次項において同じ。）に引き渡すものとする。

2　警察署長は、前項に規定する死体について、当該死体を引き渡したとしてもその後の犯罪捜査に支障を及ぼすおそれがないと認められる場合において、当該死体の身元を明らかにすることができないと認めるときは、遅滞なく、着衣及び所持品と共に当該死体をその所在地の市町村長に引き渡すものとする。

行旅法

第７条１項〔行旅死亡人の埋・火葬〕

行旅死亡人アルトキハ其ノ所在地市町村ハ其ノ状況相貌遺留物件其ノ他本人ノ認識ニ必要ナル事項ヲ記録シタル後其ノ死体ノ埋葬又ハ火葬ヲ為スベシ

墓地埋葬法

第９条〔市町村長の埋葬又は火葬の義務〕

死体の埋葬又は火葬を行う者がないとき又は判明しないときは、死亡地の市町村長が、これを行わなければならない。

戸籍法

第88条第２項〔死亡の届出地〕

死亡地が明らかでないときは死体が最初に発見された地で、汽車その他の交通機関の中で死亡があつたときは死体をその交通機関から降ろした地で、航海日誌を備えない船舶の中で死亡があつたときはその船舶が最初に入港した地で、死亡の届出をすることができる。

戸籍法

第92条第１項〔本籍不明者・認識不能者の死亡報告〕

死亡者の本籍が明かでない場合又は死亡者を認識することができない場合には、警察官は、検視調書を作り、これを添附して、遅滞なく死亡地の市町村長に死亡の報告をしなければならない。

◆ポイント◆

■　行旅死亡人は死亡地主義だが、行旅病人・生活保護適用者は原因発生地主義です。

■　警察の管轄は死亡地主義だが、救急搬送等では原因発生地主義の場合もあります。

■　戸籍法は死亡地主義であり、死亡報告は警察官が死亡地市区町村長に行います。

■　状況によって、葬祭を実施すべき市区町村、管轄警察署、死亡報告先の市区町村が異なることがあります。

4　行旅死亡人等取扱いの流れ

市区町村における行旅死亡人等取扱いの流れは、おおむね次のとおりです。

⑴　管轄警察署からの電話連絡、通報受信記録作成

警察からの第一報の内容は通報受信記録等を整理しておくのが望ましいと考えます。この時点で重要なのは、行旅死亡人等取扱いの実施機関に関わる死亡地です。死亡地が管轄内か否か十分確認しておく必要があります。

さらに、火葬直後に身元が判明した場合、市区町村は遺族に対し、遺骨の引渡しと費用請求を行うことになりますが、遺族感情の面からトラブルとなる可能性が高いので、警察署長が、身元を明らかにすることができないと認めた根拠や身元判明の可能性についても確認しておいた方が望ましいと考えます。

身元が判明しているが、遺族等が引取拒否をしている場合は、この時点で警察から情報提供を受け、警察と連携して市区町村も同時並行で戸籍調査を行うことも考えられます。

本来的には市区町村としても、引取者となり得る者には連絡し、意思確認をすることがトラブル防止上望ましいと考えます。しかし、警察による調査の段階で、遺族等から「引取拒否の結論は変わらないので、市区町村からの連絡は希望しない」というような申述があれば、親族等による引取拒否の調書の写しの提供を警察から受けられるか、又は、警察署長宛ての引取拒否の申述書とあわせて、同内容の市区町村長宛ての申述書を徴取することができるかを担当警察官と調整する方法もあります。

⑵　担当警察官から死亡報告書等の受領、市区町村から死体及び所持品引取書の交付

⑶　葬祭業者への連絡及び契約締結・火葬場予約

法的には、この時点をもって、死体及び所持品の警察から市区町

村への引渡しが完了したことになります。死体及び所持品引渡書（後述）のような様式を定めていない場合には、死体及び所持品引取書の写しの作成を警察に依頼しておきます。

このとき、すでに警察から依頼を受けた葬祭業者が死体を一時保管している事例もあるようですが、葬祭費用のうち、都道府県への費用弁償の対象となるのは、死体引取以降に発生した費用に限られるのが原則となります。金額は、生活保護法の葬祭扶助の基準額の範囲内である点に留意し、葬祭事業者との契約事務を執行する必要があります。

⑷　戸籍担当への死亡手続き・死体火葬許可証の受領

⑸　火葬執行・納骨

死亡・火葬許可申請手続きについては、実務上、行旅法担当者が、警察官から関係書類を受領し、戸籍担当者に提出しています。行旅法担当者は、都道府県への費用弁償請求に必要となる書類については、戸籍事務担当への提出前に写しを作成しておきます。

⑹　公告・告示の作成及び掲載依頼、葬祭業者との契約完了に伴う諸事務

行旅死亡人の取扱いにおいては、公告・告示が必要となります。公告は通常、官報に掲載することになります。また一般的に、納骨により葬祭業者との契約が完了となりますので、契約完了検査・支払等の諸事務を執行します。

◆参考条文◆

行旅法

第９条〔行旅死亡人に関する公告〕

行旅死亡人ノ住所、居所若ハ氏名知レサルトキハ市町村ハ其ノ状況相貌遺留物件其ノ他本人ノ認識ニ必要ナル事項ヲ公署ノ掲示場ニ告示シ且官報若ハ新聞紙ニ公告スヘシ

(7) 都道府県への費用弁償請求（公告後60日経過後）

公告から60日を経過後、都道府県に費用弁償を求めることになります（指定都市及び中核市を除く）。

なお、取扱費用に充てても残余の財産があるときは、非訟事件手続法に基づき検察官に通知するか、利害関係人の立場で家庭裁判所に相続財産管理人選任の申立てをする等の手続きが生じます。

◆参考条文◆

行旅法

第13条第1項〔行旅死亡人取扱費用の弁償なき場合の措置〕

市町村ハ第9条ノ公告後60日ヲ経過スルモ仍行旅死亡人取扱費用ノ弁償ヲ得サルトキハ行旅死亡人ノ遺留物品ヲ売却シテ其ノ費用ニ充ツルコトヲ得其ノ仍足ラサル場合ニ於テ費用ノ弁償ヲ為スヘキ公共団体ニ関シテハ勅令ノ定ムル所ニ依ル

行旅病人死亡人等ノ引取及費用弁償ニ関スル件（明治32年勅令第277号）第1条

行旅病人及行旅死亡人取扱法第5条及第13条ノ公共団体ハ行旅病人行旅死亡人若ハ其ノ同伴者ノ救護又ハ取扱ヲ為シタル地ノ道府県トス

2　前項ノ規定ニ拘ラズ行旅病人行旅死亡人若ハ其ノ同伴者ノ救護又ハ取扱ヲ為シタル地方自治法（昭和22年法律第67号）第252条の19第1項ノ指定都市ハ地方自治法施行令（昭和22年政令第16号）第174条の30ノ定ムル所ニ依リ行旅病人及行旅死亡人取扱法第5条及第13条ノ公共団体トス

3　第1項ノ規定ニ拘ラズ行旅病人行旅死亡人若ハ其ノ同伴者ノ救護又ハ取扱ヲ為シタル地方自治法第252条の22第1項ノ中核市ハ地方自治法施行令第174条の49の6ノ定ムル所ニ依リ行旅病人及行旅死亡人取扱法第5条及第13条ノ公共団体トス

5　行旅死亡人等取扱いの関係書類

(1)　概論

行旅死亡人等の取扱いに当たり関係する書類は、主に表2のとおりです。

表2：行旅死亡人等取扱いの関係書類一覧

	パターン		名称	根拠法令	作成者	提出先
	ア	イ				
1	○		死亡報告書	死体取扱規則 戸籍法	警察官	市区町村長
2	○		本籍等不明死体調査書	死体取扱規則 戸籍法	警察官	市区町村長 （戸籍担当）
3	○		死体及び所持品引取書	死体取扱規則	市区町村長	警察署長
4	△		〃　（写し）		警察署長	
5	△		死体及び所持品引渡書		警察署長	市区町村長
6		○	死亡届	戸籍法	届出人 （病院長等）	市区町村長 （戸籍担当）
7	△	○	死体検案書 死亡診断書	医師法 医師法施行規則	医師	

パターン「イ」で示した事例は、病院で入院加療中であった身元不明者が死亡した場合など、主に死亡に際して警察による取扱いの対象とならず、病院長等の施設管理者が「家屋管理人」や「公設所の長」として本籍不分明者の死亡届を提出することになった事例です。この場合は、警察官による死亡報告を要しないとされている（昭11・5・4民事甲361号回答）ので、家屋管理人等の資格での死亡届出となります。

表中「3」の『死体及び所持品引取書』のみ、市区町村長が作成し、警察署長に交付すべき書類で、その写しが「4」です。都道府県への費用弁償に際し、本書類の写しが必要となる場合があります。また、市区町村としても引き取った死体及び所持品の疎明資料となりますので、市区町村において保存しておくことが適当と考えます。

表中「5」の『死体及び所持品引渡書』は、警察署長が市区町村長宛てに死体等引渡しの際に交付している任意の様式のものであり、『死体及び所持品引取書』と同一紙面（旧・死体取扱規則施行時に愛知県警察と名古屋市の間で取り交わされていた様式を後掲（79頁））又は別紙で作成されているものです。法令上の定めはなく慣例として作成しているもので、作成していない警察署もあります。内容としては、『死体及び所持品引取書』と対となるもの、すなわち、『引取書』が「市区町村長が警察署長から引き取った」ものであるのに対し、『引渡書』は「警察署長が市区町村長に引き渡した」ものです。死体及び所持品の引渡しの内容を双方が確認する趣旨で作成しているものと考えられます。

表中「7」の『死体検案書（死亡診断書）』は、戸籍法上、警察官による死亡報告に際しての添付書類としては求められていませんが、実務上、死亡報告とあわせて警察から市区町村に交付されることがあります。死亡報告の場合においても、人口動態調査の死亡票を作成することとされていることから、死亡報告の添付書類として取り扱う市区町村もありますが、身元判明時の死亡届出に使用することも可能であると思われる（後述）ので、行旅法担当者と戸籍担当者との間で取扱いを確認しておくのが望ましいと考えます。

戸籍法に基づく手続きとして戸籍担当に提出する書類について、都道府県への費用弁償に際して、写しが必要になることがあるので、行旅法担当はあらかじめ写しを作成しておくとともに、各都道府県の所管部署に必要書類を確認しておく必要があります。

◆ポイント◆

■　警察の死亡報告（身元不明・判明）、死亡届出のどの手続きか確認する。

■　『死体及び所持品引取書』は市区町村長が警察署長に交付する書類だが、警察から写しの交付を受けておくべき場合があるので注意する。

(2)　死亡報告書・本籍等不明死体調査書

①根拠法令

戸籍法 92 条

死体取扱規則 7 条、別記様式第 3 号、別記様式第 4 号

②作成者

警察官

③提出先

死亡地の市区町村長（戸籍担当）

④概要

警察官が市区町村長に対して戸籍法に基づき行う身元不明死体発生の報告書です。

実務上、この報告とあわせて、行旅法担当者が死体火葬許可申請を行います。戸籍法にいう「検視調書」にあたるものが、後述の本籍等不明死体調査書です。

⑤注意点

ア　作成者

死亡報告書の作成者、すなわち死亡報告の報告者について、戸籍法 92 条の警察官には巡査も含まれると解されており（昭 28・8・20 民事甲 1500 号回答）、警察官の身分を有する者であれば、その階級に関係なく戸籍法上の報告者の資格を有します。しかし、死因・身元調査法や死体取扱規則上の死体取扱いの主体となる者は警察署長であることや、死亡者の身元判明時の戸籍には、報告者の職名が『【報告者】加賀町警察署長』のように記載されることがあるため、報告者は警察署長が適当と考えます。

本籍等不明死体調査書の作成者についても同様ですが、旧・死体取扱規則で添付されていた死体見分調書の作成者は、文献の記載例では警部補であり、「勤務署名、官職、氏名を記載して押印」し、「押印については認印を用いるべき」とされていたことも

あって（刑事法令研究会『[新版] 記載要領　捜査書類基本書式例［補訂第２版］』290頁以下（立花書房、2005年））か、死亡報告書の報告者は警察署長であっても、本籍等不明死体調査書の作成者は警部補であるなど、実務上は必ずしも統一されていないケースも見受けられます。

警察署長を報告者とする場合、様式中の不動文字（印刷）は「警察署」となっているので「長」の字を追記し、「警察署長」となっていることを確認してください。

イ　提出先

戸籍法による死亡報告先は死亡地の市区町村長であるため、搬送先病院で死亡が確認された場合など、報告者の警察署が管轄する市区町村以外の市区町村が報告先となることがあるので注意が必要です。

ウ　死亡報告書記載内容

死亡報告書様式中「死亡者を認識することができない」とは、「死亡者がだれであるか、氏名その他を判断することができない場合をいい、白骨死体、片手、片足の死体の一部あるいは腐敗が著しい死体等の場合」ですので、印刷文字の「死亡者の本籍が明らかでない」と「死亡者を認識することができない」のいずれか該当しない文言を抹消します。また、刑事訴訟法に基づく書類ではないため、「官職」に「司法警察員」の記載は不要です（捜査実務研究会『現場警察官のための死体の取扱い』41頁、177頁（立花書房、2008年））。

なお、抹消遺漏や「司法警察員」の余事記載があったとしても、戸籍実務上は、あえて訂正を求める実益はないと考えます。

エ　本籍等不明死体調査書記載内容

本籍等不明死体調査書には、死体の発見状況、身体的特徴などを過不足なく記載されていることが必要です。特に「推定年齢」「性別」「死亡の日時」「死亡の場所」「死因」は死亡診断書等と矛盾のないことを確認します。齟齬がある場合は、死亡報告と死亡診断書等との間で死亡者が同一人であることが証明できなくなるおそれがあるので、慎重な判断が必要です。

死亡の日時については、身元判明時の戸籍の記載に係る部分であるため、死亡日時の推定範囲の表現を戸籍担当に確認した方が良い場合があります。例えば「令和○年○○月○○日午後11時～12時の間と推定」「令和○年○○月○○日昼頃」「令和○○年○○月上旬」「令和○年○月頃」などは支障ありませんが、「令和○年春頃」のような記載の場合、春夏秋冬は、日時を表現する文字としては適当ではないので、補正させた上で受理するのが相当とされています（荒木文明・菅弘美『戸籍のためのQ&A 「死亡届」のすべて』66頁（日本加除出版、2013年））。このような場合は、警察に死亡時期を確認し、表現の訂正を求める必要が生じます。ただし、「平成○年秋頃推定」という記載で、受理がなされた場合では「推定平成○年9月から11月」として戸籍の記載をすることになります（大阪戸籍だより83号32頁）。

⑥戸籍事務取扱い上のポイント

死亡報告書を戸籍届書として取り扱います。警察が作成する段階では、受理日・受理番号等を記載する欄はありませんので、戸籍担当において、便宜作成します。本籍等不明死体調査書は、添付書類となります。

死亡報告書及び本籍等不明死体調査書の記載内容に不足がないか十分に確認し、疑義があれば、警察に確認することになります（実務上は行旅法担当者を通じて確認することが多い）。特に、報告先市区町村や身元判明時の戸籍記載内容に関わる部分（具体的には死亡地と死亡日時）に誤りがないか、慎重に審査します。なお、軽微な不備等は、死亡報告書に附せん処理し、受理します。

身元が判明するまで『本籍不分明者・無籍者に関する届書報告書その他の書類つづり』に保管します。本籍人届書のように管轄法務局へ送達したり、非本籍人届書のように廃棄したりしないよう、書類の管理に注意します。

◆参考条文◆

戸籍法

第92条〔本籍不明者・認識不能者の死亡報告〕

死亡者の本籍が明かでない場合又は死亡者を認識することができない場合には、警察官は、検視調書を作り、これを添附して、遅滞なく死亡地の市町村長に死亡の報告をしなければならない。

死体取扱規則

第7条第1項（本籍等の不明な死体に係る報告）

戸籍法（昭和22年法律第224号）第92条第1項の規定による報告は、死亡報告書（別記様式第3号）（注：本書69～71頁参照）に本籍等不明死体調査書（別記様式第4号）（注：本書72～74頁参照）を添付して行うものとする。

◆ポイント◆

■　死亡報告者は警察署長が望ましい（戸籍法上は警察官ならば階級問わず可能）。

■　報告先は死亡地の市区町村長なので、報告先と死亡地の確認が必要です。

■　本籍等不明死体調査書と死体検案書の内容に齟齬がないか確認が必要です。

別記様式第３号（第７条関係）

死　亡　報　告　書

年　　月　　日

市区町村長　　殿

警察署

官職　　　　　　　　　　　　㊞

死亡者の本籍が明らかでない（死亡者を認識することができない）死体を取り扱ったので、戸籍法第92条第１項の規定により、本籍等不明死体調査書を添えて報告します。

注意　必要でない事項は、消すこと。

（用紙　日本産業規格Ａ４）

◎記　入　例

別記様式第３号（第７条関係）

死　亡　報　告　書

令和　**4**年　**4**月　**1**日

東京都街谷　市~~区町村~~長　殿

警視庁街谷　警察署　**長**

官職　**警視正　小 松 尚 隆**　警視庁街谷警察署長

警視庁街谷警察署長

死亡者の本籍が明らかでない~~（死亡者を認識することができない）~~死体を取り扱ったので、戸籍法第92条第１項の規定により、本籍等不明死体調査書を添えて報告します。

注意　必要でない事項は、消すこと。

（用紙　日本産業規格Ａ４）

◎記 入 例（好ましくない例）

別記様式第３号（第７条関係）

死 亡 報 告 書

令和 4年 4月 1日

東京都街谷 市区町村長 殿

警視庁街谷 警察署

官職 司法警察員警部補 夏山 猛 （夏山）

死亡者の本籍が明らかでない（死亡者を認識することができない）死体を取り扱ったので、戸籍法第92条第１項の規定により、本籍等不明死体調査書を添えて報告します。

好ましくない点

① △ 報告者が『警察署長』ではない。

② △ 官職に『司法警察員』は不要。

注意 必要でない事項は、消すこと。

（用紙 日本産業規格Ａ４）

別記様式第４号（第７条関係）

本　籍　等　不　明　死　体　調　査　書

年　　月　　日

警察署

官職　　　　　　　　㊞

1　発見状況

発見日時

年　　月　　日午　　時　　分

発見場所

発見の状況

2　死亡者

人相、体格、推定年齢、性別、特徴等

着衣及び所持品

3　死亡の原因等

死亡の日時（不明のときは、推定）

年　　月　　日午　　時　　分

死亡の場所（不明のときは、推定）

死因

4　備考

（用紙　日本産業規格Ａ４）

◎記　入　例

別記様式第４号（第７条関係）

本　籍　等　不　明　死　体　調　査　書

令和　４年　４月　１日

警視庁街谷 警察署 長

官職　警視正　小松 尚隆

警視庁
街谷
警察署長

１　発見状況

発見日時

令和　４ 年　２　月　７　日午　前６　時　１０　分頃

発見場所

東京都街谷市林原２丁目２番２２号　林原２丁目遊園

発見の状況

発見者がジョギング中に広場内の樹木で縊頸している死亡者を発見し、携帯電話により１１０番通報したもの。

２　死亡者

人相、体格、推定年齢、性別、特徴等

白髪混じりの短髪、中肉、身長１５０ｃｍ程度、推定７０～９０歳、男

着衣及び所持品

白色長袖ワイシャツ（サイズＭ・中国製）、白色半袖シャツ（中国製）、黄土色スラックス（胴囲６７・ベトナム製）、水色トランクス、黒色靴下、黒色サンダル（25.0）、黒色革製二つ折財布（現金５２３円、レシート３枚在中）

３　死亡の原因等

死亡の日時（不明のときは、推定）

令和　４ 年　２　月　７　日午　前３　時　頃(推定)分

死亡の場所（不明のときは、推定）

上記発見場所に同じ

死因

非定型的縊死（自殺）

４　備考

（用紙　日本産業規格Ａ４）

◎記入例（好ましくない例）

別記様式第４号（第７条関係）

本籍等不明死体調査書

令和４年　４月　１日

警視庁街谷 警察署

官職　司法警察員警部補 高田 鼎（印：高田）

└── ①

1　発見状況

発見日時

令和　４年　２月　１日午前６時　１５分

発見場所

街谷市富士見台１丁目２３番　富士見台児童遊園 ──── ③

発見の状況

発見者がジョギングしていたところ、偶然立ち寄った児童遊園内のベンチ上に右腕を胸に当て伏臥位をとり、顔面蒼白状態の死亡者を発見し、声をかけたが、応答がなかったため、徒歩で富士見台交番に出向いたところ勤務員は警ら中であったため、交番内の警察電話で警察署へ架電し「公園で人が寝ているが、もしかしたら死んでいるかもしれないので見てほしい」などと申告した。

2　死亡者

人相、体格、推定年齢、性別、特徴等

中肉中背、推定５０歳～８０歳 ──── ②

着衣及び所持品

白色シャツ、ズボン、肌着、小銭入れ

3　死亡の原因等

死亡の日時（不明のときは、推定）

令和　４年　２月　１日午前７時　３２分（死亡確認）

死亡の場所（不明のときは、推定）

東京都南多摩市中央１丁目１番　南都医科大学付属病院 ──── ③

死因

虚血性心不全（推定）

4　備

好ましくない点

①　△　報告者の職名に『司法警察員』は不要。

②　×　性別が記載されておらず、死亡者の情報が不足している。

③　×　死亡日時・場所について確認が必要（発見地と死亡地が異なっており、行旅法実施機関・死亡報告先が死亡地になる可能性がある）。

⑶　死体及び所持品引取書（引渡書）

①根拠法令

死体取扱規則6条、別記様式第2号（後掲77頁・78頁）

②作成者

死体の引渡しを受けた市区町村長（行旅法担当）

③提出先

警察署長

④概要

警察署長が死体及び所持品を市区町村長に引き渡したときに徴する書類です。この書類は、本来は、市区町村で作成し警察署長に交付するものですが、実務上、警察で必要事項を記載したものを用意し、行旅法担当者に署名を求めているケースが多く見受けられます。

実務上、行旅法担当者が署名している事例もあり、運用上は問題がないものとは思われますが、死因・身元調査法及び死体取扱規則上、死体を引き渡すべきは「市区町村長」であることからすると、市区町村長（あるいは福祉事務所長等）の職氏名を記載し、職印を用いた方が望ましいと考えます。

前述のとおり、都道府県への費用弁償に際し、写しの添付が求められるころがあるため、警察署長への交付時に担当警察官に写しの作成を依頼しておくことが妥当です。写しには、謄本認証等は特段必要ないと考えます。なお、この写しに代わり、同内容の『所持品及び死体引渡書』を作成、交付している警察署もあるようです。

旧・死体取扱規則当時に名古屋市で用いられていた、引取書と引渡書を併合した様式を参考掲載します（79頁）。

⑤注意点

ア　死体の情報

本籍等不明死体調査書と整合しているか、確認が必要です。

イ　所持品目録

引渡しの対象となる所持金品について過不足なく記載されているか確認します。特に、取扱費用に充てるべき遺留金等については誤りのないよう十分注意してください。

◆参考条文◆

死体取扱規則

第6条（書面の徴取）

警察署長は、法第10条又は前条の規定による引渡しを行ったときは、死体及び所持品引取書（別記様式第2号）を徴さなければならない。

別記様式第２号（第６条関係）

<table>
<tr><td colspan="3">死体及び所持品引取書
年　　月　　日
警察署長　殿
引取者
住居
職業
氏名

年齢
死亡者との続柄
次の死体及び所持品を引き取りました。</td></tr>
<tr><td rowspan="4">死
体</td><td>1 死亡者の
死産児の父母の　本籍（国籍）</td><td rowspan="4"></td></tr>
<tr><td>2 死亡者の
死産児の父母の　住居</td></tr>
<tr><td>3 死亡者の氏名、年齢（推定年齢）及び性別
死産児の性別及び妊娠月数</td></tr>
<tr><td>4 死亡者の
死産児の　人相、体格、特徴等</td></tr>
</table>

所　持　品　目　録		
品　名	数　量	備　考

注意　１　引取者が市区町村長の場合は、その職名及び氏名のみを記載すること。
　　　２　必要でない事項は、消すこと。

（用紙　日本産業規格Ａ４）

◎記　入　例

別記様式第２号（第６条関係）

死体及び所持品引取書

令和　４　年　４　月　５　日

警視庁街谷　警察署長　殿

引取者
住居
職業　東京都街谷市長
氏名　中　島　陽　子　東京都街谷市長之印

年齢
死亡者との続柄

次の死体及び所持品を引き取りました。

死体	1　死亡者の ~~死産児の父母の~~　本籍（国籍）	不詳
	2　死亡者の ~~死産児の父母の~~　住居	不詳
	3　死亡者の氏名、年齢（推定年齢）及び性別 ~~死産児の性別及び妊娠月数~~	推定７０～９０歳、男
	4　死亡者の ~~死産児の~~　人相、体格、特徴等	白髪混じりの短髪、中肉、身長１５０ｃｍ程度

所　持　品　目　録

品　　名	数　量	備　　考
財　布	１個	黒色革製２つ折り
現　金	５２３円	100円硬貨5枚、10円硬貨2枚、1円硬貨3枚
紙　片	３枚	レシート
		（以下余白）

注意　1　引取者が市区町村長の場合は、その職名及び氏名のみを記載すること。
　　　2　必要でない事項は、消すこと。

（用紙　日本産業規格Ａ４）

◎ 参考：旧・死体取扱規制当時の引取書・引渡書を併合した書式（名古屋市）

様式第４

<table>
<tr><td colspan="5">行旅死亡人及び所持金品引渡書
平成　　年　　月　　日
名　古　屋　市　長　殿
愛知県　　　　　警察署長　　印
次により行旅死亡人及び所持金品を引き渡します。</td></tr>
<tr><td colspan="5">死　　体</td></tr>
<tr><td>本籍（国籍）</td><td></td><td>氏　　名</td><td colspan="2"></td></tr>
<tr><td>住　　居</td><td></td><td>年齢性別</td><td colspan="2"></td></tr>
<tr><td>死亡日時</td><td colspan="4"></td></tr>
<tr><td>死亡場所</td><td colspan="4"></td></tr>
<tr><td>発見日時</td><td colspan="4"></td></tr>
<tr><td>死亡原因</td><td colspan="4"></td></tr>
<tr><td>人相・体格特徴</td><td colspan="4"></td></tr>
<tr><td colspan="5">所　持　金　品　目　録</td></tr>
<tr><td colspan="3">品　　目</td><td>数　量</td><td>備　考</td></tr>
<tr><td colspan="3"></td><td></td><td></td></tr>
<tr><td colspan="5">（死体取扱規則別記様式第３号様式に相当する様式）
死体及び所持金品引取書
平成　　年　　月　　日
愛知県　　　　　警察署長　殿
名　古　屋　市　厚　生　院　長　　印
年　　月　　日　　時　　分、上記行旅死亡人及び所持金品引渡書のとおり引き取りました。</td></tr>
</table>

備考　１　用紙の大きさは、日本工業規格Ａ４とする。

２　正副２通を作成し、正本を名古屋市厚生院長に交付し、副本にその押印を求めて保存すること。

⑷　死亡届（本籍不明者）

①根拠法令

戸籍法86条、87条

②作成者

死亡届出義務者又は資格者

③提出先

死亡地又は届出人の所在地の市区町村長（戸籍担当）

④概要

警察官からの死亡報告がなされない場合に死亡手続きを行うために作成する戸籍届出書類です。

先例によれば、本籍・氏名不分明者を警察官から行旅病者として引き渡され、市区町村において収容中に死亡したときは、その家屋の管理人が届出をする（昭11・5・4民事甲361号回答）とされており、病院で長期入院加療中であった行旅病人や生活保護受給者が死亡した場合など、主に死亡に際して警察による取扱いの対象とならないような場合は、病院長等が家屋管理人等として本籍不分明者の死亡届を提出することになります。

なお、死亡した場所が私立病院等である場合は「家屋管理人」、国公立病院等の場合は、「公設所の長」の資格で届出をすることになります。

参考までに、本籍不明者を雇い入れていたところ、その者が死亡して雇主等が「同居者」の資格で死亡届出をした後に、死亡者の本籍が判明した際には、死亡届出義務者が本籍分明届を提出することになります（戸籍法26条、大5・10・26民789号回答、大10・1・18民事4023号回答）。このような場合では、雇主等が死体の引取者になると、「引取者ナキ」あるいは「死体の埋葬又は火葬を行う者がない」という要件から外れるため、市区町村の行旅死亡人等取扱いの対象外になると考えます。

⑤「本籍」欄又は「その他」欄の記載

死亡届書内において、事件本人の本籍が不明である旨を明らかにする必要がありますので、(7)「本籍」欄に「不明」「不詳」と記載するか、又は「その他」欄に「死亡者の本籍は不明である」のように記載し、死亡者の本籍が不明（不詳）であることを明記します（大関喜和監修、島田英次著、大熊等＝荒木文明補訂『レジストラー・ブックス133　補訂第3版　注解戸籍届書「その他」欄の記載』369頁（日本加除出版、2012年））。

⑥届出人欄の記載

ア　届出人（原則）

死亡届の届出人欄には、家屋管理人であっても、その個人の住所・本籍・生年月日の記載、署名が必要となります（押印は任意）。署名欄には資格役職などは不要で氏名のみを記載します。また、身元判明時には、死亡者の戸籍に届出人として「【届出人】家屋管理人　○○○○」のように資格氏名が記載されます。介護施設、老人ホーム等の管理者が届出をする場合も同様です。

イ　届出人（私立病院・診療所での死亡の場合）

医療法人又は個人が経営する病院や診療所の管理者が死亡届の届出人となる場合は、届出人住所欄に病院の所在地、署名欄に病院の名称・管理者の資格氏名、「その他」欄に「届出人の住所の記載は病院の所在地である」旨記載することにより、病院の管理者個人の住所・本籍・生年月日を記載しなくても差し支えないとされています。身元判明時の戸籍には、前項のように「【届出人】家屋管理人　○○○○」と氏名が記載されることに変わりはありませんが、病院管理者が個人の住所等の個人情報を理由として協力に難色を示す場合（本来、死亡届出義務者であるのですが……）は、このような届書の記載も可能であることを説明し、協力を依頼することも方法の一つです。ただし、この取扱いは、病院（診療所含む）の管理者に限定されるので、介護施設、老人ホーム、賃貸住宅等の家屋管理人による死亡届出には適用できません。

なお、原則どおりに病院の管理者が個人で署名、住所、本籍・筆頭者の氏名、生年月日を記載した死亡届でも問題はありません。

ウ　届出人（国公立病院等での死亡の場合）

国公立病院等の公設所で死亡した場合には、当該公設所の長が届出人となります。死亡届の届出人資格は「公設所の長」とし、届出人の住所・本籍・生年月日は記載不要ですが、届出人欄又はその他欄に、届出人が「公設所の長又は管理人」であることを明らかにする職名等の記載が必要とされています。身元判明時の戸籍には、「【届出人】○○○○」と氏名のみが記載され、公設所の長である旨は記載されません（昭27・1・31民事甲44号回答）。

⑦戸籍事務取扱い上のポイント

死亡届書として受理し、身元が判明するまで『本籍不分明者・無籍者に関する届書報告書その他の書類つづり』に保管します。本籍人届書のように管轄法務局へ送達したり、非本籍人届書のように廃棄したりしないよう、書類の管理に注意します。

◆参考条文◆

戸籍法

第86条第1項、第2項〔死亡の届出〕

死亡の届出は、届出義務者が、死亡の事実を知つた日から7日以内（国外で死亡があつたときは、その事実を知つた日から3箇月以内）に、これをしなければならない。

2　届書には、次の事項を記載し、診断書又は検案書を添付しなければならない。

一　死亡の年月日時分及び場所

二　その他法務省令で定める事項

第87条〔死亡の届出人〕

次の者は、その順序に従つて、死亡の届出をしなければならない。ただし、順序にかかわらず届出をすることができる。

第一　同居の親族

第二　その他の同居者

第三　家主、地主又は家屋若しくは土地の管理人

2　死亡の届出は、同居の親族以外の親族、後見人、保佐人、補助人、任意後見人及び任意後見受任者も、これをすることができる。

第93条〔航海中又は公設所における死亡の届出〕

第55条及び第56条の規定は、死亡の届出にこれを準用する。

第56条〔公設所における出生〕

病院、刑事施設その他の公設所で出生があつた場合に、父母が共に届出をすることができないときは、公設所の長又は管理人が、届出をしなければならない。

◎死亡届様式

死　亡　届

令和　　年　　月　　日届出

長　殿

受理　令和　年　月　日 第　　　号	発送　令和　年　月　日
送付　令和　年　月　日 第　　　号	長印

書類調査	戸籍記載	記載調査	調査票	附票	住民票	通知

(1)	（よみかた）	
(2)	氏　名	氏　　名　　□男　□女
(3)	生年月日	年　月　日（生まれてから30日以内に死亡したときは生まれた時刻も書いてください）□午前 □午後　時　分
(4)	死亡したとき	令和　年　月　日　□午前 □午後　時　分
(5)	死亡したところ	番地 番　号
(6)	住　所（住民登録をしているところ）	番地 番　号 世帯主の氏名
(7)	本　籍（外国人のときは国籍だけを書いてください）	番地 番 筆頭者の氏名
(8)(9)	死亡した人の夫または妻	□いる（満　歳）　いない（□未婚　□死別　□離別）
(10)	死亡したときの世帯のおもな仕事と	□1. 農業だけまたは農業とその他の仕事を持っている世帯 □2. 自由業・商工業・サービス業等を個人で経営している世帯 □3. 企業・個人商店等（官公庁は除く）の常用勤労者世帯で勤め先の従業者数が1人から99人までの世帯（日々または1年未満の契約の雇用者は5） □4. 3にあてはまらない常用勤労者世帯及び会社団体の役員の世帯（日々または1年未満の契約の雇用者は5） □5. 1から4にあてはまらないその他の仕事をしている者のいる世帯 □6. 仕事をしている者のいない世帯
(11)	死亡した人の職業・産業	（国勢調査の年…　年…の4月1日から翌年3月31日までに死亡したときだけ書いてください） 職業　　産業
	その他	
	届出人	□1. 同居の親族　□2. 同居していない親族　□3. 同居者　□4. 家主　□5. 地主　□6. 家屋管理人　□7. 土地管理人　□8. 公設所の長　□9. 後見人　□10. 保佐人　□11. 補助人　□12. 任意後見人　□13. 任意後見受任者 住所 本籍　番地 番　筆頭者の氏名 署名（※押印は任意）　印　年　月　日生

事件簿番号	

◎ 身元不明者の死亡届を私立病院の長が届出する場合の記入例

死　亡　届

令和　4　年　4　月　8　日届出

東京都街谷市長　殿

受理　令和　4　年　4　月　8　日 第　599　号	発送　令和　年　月　日
送付　令和　年　月　日 第　号	長印

書類調査	戸籍記載	記載調査	調査票	附票	住民票	通知

(1)	（よみかた）	
(2)	氏　名	氏 不詳　　名　　☑男　□女
(3)	生年月日	不詳　年　月　日（生まれてから30日以内に死亡したときは生まれた時刻も書いてください）□午前 □午後　時　分
(4)	死亡したとき	令和　4　年　4　月　4　日　☑午前 □午後　2　時　35　分
(5)	死亡したところ	東京都 街谷市 朝日台2丁目20 番地 ㊫ 2 ㊀号
(6)	住所（住民登録をしているところ）	不詳 世帯主の氏名
(7)	本籍（外国人のときは国籍だけを書いてください）	不詳　番地 番 筆頭者の氏名
(8)(9)	死亡した人の夫または妻	□いる（満　歳）　いない（□未婚　□死別　□離別）
(10)	死亡したときの世帯のおもな仕事と	□1. 農業だけまたは農業とその他の仕事を持っている世帯 □2. 自由業・商工業・サービス業等を個人で経営している世帯 □3. 企業・個人商店等（官公庁は除く）の常用勤労者世帯で勤め先の従業者数が1人から99人までの世帯（日々または1年未満の契約の雇用者は5） □4. 3にあてはまらない常用勤労者世帯及び会社団体の役員の世帯（日々または1年未満の契約の雇用者は5） □5. 1から4にあてはまらないその他の仕事をしている者のいる世帯 ☑6. 仕事をしている者のいない世帯
(11)	死亡した人の職業・産業	（国勢調査の年…　年…の4月1日から翌年3月31日までに死亡したときだけ書いてください） 職業　　産業
	その他	届出人の住所の記載は病院の所在地である 死亡者の本籍は不明である
	届出人	□1. 同居の親族　□2. 同居していない親族　□3. 同居者　□4. 家主　□5. 地主 ☑6. 家屋管理人　□7. 土地管理人　□8. 公設所の長　□9. 後見人 □10. 保佐人　□11. 補助人　□12. 任意後見人　□13. 任意後見受任者
		住所　東京都 街谷市 朝日台2丁目 20番 2号
		本籍　　番地 番　筆頭者の氏名
		署名（※押印は任意）　街谷病院院長　大田喜一　印　　年　月　日生

事件簿番号	

⑸　死亡診断書等（死亡診断書・死体検案書）

①根拠法令

医師法19条2項

医師法施行規則20条

②作成者

死亡診断又は死体検案した医師

③提出先

死亡届書添付書類として死亡届とともに死亡届出先の市区町村長

④概要

死亡診断書（死体検案書）の法的意義は、人の死亡を医学的・法律的に証明することと、厚生労働省所管の死因統計作成の資料となることにあります。そして、死亡診断又は死体検案した医師が作成し、通常は死亡届の添付書類として市区町村長（戸籍担当）へ提出されることになります。

行旅死亡人等取扱いにおいては、戸籍法上、警察官からの死亡報告には添付を求められていませんが、死亡報告書等とともに交付されることが多いようです。死亡報告の場合においても、人口動態調査の死亡票を作成することとされていることから、死亡報告の添付書類として取り扱う市区町村もあります。

死亡診断書等の死亡者の氏名等は「不詳」とされていても、身元判明時には、この書面をもって親族等が死亡届出をすることも可能です（95頁）ので、死亡報告書の添付書類とするか、行旅法担当者において保管するかは市区町村内において調整が必要です。

なお、死亡診断書と死体検案書の使い分けですが、死亡診断書は診断が確定している病死・自然死で、例えば入院継続中又は在宅治療中の病死であることが医師によって明らかにされ、死亡診断した医師が作成したものです。死体検案書はそれ以外のもの、いわゆる異状死（外因死や不詳の死）によって死体検案が行われた場合に検案医が発行するものです。行旅死亡人等取扱いの実務上、死亡診断書か死体検案書かが問題になることはないと考えます。

⑤注意点

ア　死亡者の氏名・性別・推定年齢

身元不明者の場合、死亡者の氏名は「不詳」、性別は男女のいずれかに○、生年月日欄に括弧書きで推定年齢を記載します。いずれも本籍不明死体等調査書と矛盾がないか確認が必要です。

イ　死亡したとき

死亡の日時は、本籍等不明死体調査書と表記が完全一致しているか確認が必要です。身元判明時の戸籍の記載に関わる部分ですので、死亡日時の推定範囲の表現が妥当か戸籍担当に確認した方が良い場合があります。例えば「令和○○年○○月○○日午後11時～12時の間と推定」「令和○○年○○月○○日昼頃」「令和○○年○○月上旬」「令和○○年○月頃」などは支障がありませんが、「令和○○年春頃」のようなものは「春夏秋冬は、日時を表現する文字としては適当ではないので、……補正させた上、受理するのが相当」とされています。ただし、「令和○年秋頃推定」という記載で、受理がなされた場合では「推定令和○年9月から11月」として戸籍の記載をすることになります（大阪戸籍だより83号32頁）。

ウ　死亡したところ

本籍不明死体等調査書と矛盾がないか確認が必要です。特に死亡場所が市区町村をまたいで齟齬する場合には、行旅法等実施機関や死亡報告先となる市区町村が異なる可能性があるので、十分な確認が必要です。

死亡場所が不明なときは死体が発見された場所を記入し、その状況を「その他特に付言すべきことがら」欄に記入するとされています。

エ　死因

医師による医学的な判断が記載される部分ですが、本籍不明死体等調査書と照合して、明らかな矛盾や記載遺漏がないか、確認が必要です。

オ　外因死の追加事項

外因死の際に医師が記載する事項です。特に「傷害が発生したとき」「傷害が発生したところの種別」「傷害が発生したところ」の欄は死亡したとき・死亡したところの記載と矛盾がないか確認が必要です。

矛盾とは例えば、傷害発生日時と死亡日時が同時刻（即死）にもかかわらず、傷害が発生したところが現場市区町村、死亡したところが他市区町村の搬送先病院である場合や、発見日時を誤って傷害発生日時として記載しているが、その旨を付記していない場合です。このような場合、いずれかが間違っていることまでは推測できますが、どちらが正しいのかが判断できませんので、医師に訂正を求める必要があります。

⑥発行した医師の氏名等

医師の所属する病院等の名称及び所在地又は医師の住所のほか、医師の署名又は記名押印が必要です（医師法施行規則上は署名とされていますが、記名押印であっても戸籍実務上は当分の間、問題ありません（令和3年1月6日付厚生労働省医政局医事課事務連絡「死亡診断書（死体検案書）の押印廃止に係る当面の取扱いについて」））。

なお、出生届に添付される出生証明書や死産届に添付される死産証書（死胎検案書）は押印なしの記名のみで足りるとされていますが、死亡診断書・死体検案書では医師の署名又は記名押印が必須（92頁死体検案書記載例2参照）ですので、特に注意してください。

◆参考条文◆

医師法

第19条〔診療義務等〕

診療に従事する医師は、診察治療の求があつた場合には、正当な事由がなければ、これを拒んではならない。

2　診察若しくは検案をし、又は出産に立ち会つた医師は、診断書若しくは検案書又は出生証明書若しくは死産証書の交付の求があつた場合には、正当の事由がなければ、これを拒んではならない。

第21条

医師は、死体又は妊娠4月以上の死産児を検案して異状があると認めたときは、24時間以内に所轄警察署に届け出なければならない。

医師法施行規則

第20条〔死亡診断書・死体検案書の記載事項〕

医師は、その交付する死亡診断書又は死体検案書に、次に掲げる事項を記載し、署名しなければならない。

一～十三　（略）

2　前項の規定による記載は、第4号書式によらなければならない。

◎ 死亡診断書（死体検案書）様式

死亡診断書（死体検案書）

この死亡診断書（死体検案書）は、我が国の死因統計作成の資料としても用いられます。楷書で、できるだけ詳しく書いてください。

氏　名		1男 2女	生年月日	明治　昭和 大正　平成　令和　　年　月　日 （生まれてから30日以内に死亡したときは生まれた時刻も書いてください）　午前・午後　時　分
死亡したとき	令和　年　月　日　午前・午後　時　分			

死亡したところ及びその種別	
死亡したところの種別	1病院　2診療所　3介護医療院・介護老人保健施設　4助産所　5老人ホーム　6自宅　7その他
死亡したところ	番地 番　号
（死亡したところの種別1～5） 施設の名称	（　　）

死亡の原因				発病（発症）又は受傷から死亡までの期間
◆Ⅰ欄、Ⅱ欄ともに疾患の終末期の状態としての心不全、呼吸不全等は書かないでください ◆Ⅰ欄では、最も死亡に影響を与えた傷病名を医学的因果関係の順番で書いてください ◆Ⅰ欄の傷病名の記載は各欄一つにしてください ただし、欄が不足する場合は（エ）欄に残りを医学的因果関係の順番で書いてください	Ⅰ	（ア）直接死因		◆年、月、日等の単位で書いてください ただし、1日未満の場合は、時、分等の単位で書いてください （例：1年3ヵ月、5時間20分）
		（イ）（ア）の原因		
		（ウ）（イ）の原因		
		（エ）（ウ）の原因		
	Ⅱ	直接には死因に関係しないがⅠ欄の傷病経過に影響を及ぼした傷病名等		
	手術	1無　2有	部位及び主要所見	手術年月日　令和・平成・昭和　年　月　日
	解剖	1無　2有	主要所見	

死因の種類	
	1 病死及び自然死 外因死　不慮の外因死　{ 2 交通事故　3 転倒・転落　4 溺水　5 煙、火災及び火焔による傷害　6 窒息　7 中毒　8 その他 } その他及び不詳の外因死　{ 9 自殺　10 他殺　11 その他及び不詳の外因 } 12 不詳の死

外因死の追加事項 ◆伝聞又は推定情報の場合でも書いてください			
傷害が発生したとき	令和・平成・昭和　年　月　日　午前・午後　時　分	傷害が発生したところ	都道府県　市区郡町村
傷害が発生したところの種別	1住居　2工場及び建築現場　3道路　4その他（　　）		
手段及び状況			

生後1年未満で病死した場合の追加事項			
出生時体重　グラム	単胎・多胎の別　1単胎　2多胎（　子中第　子）	妊娠週数　満　週	
妊娠・分娩時における母体の病態又は異状　1無　2有（　　）　3不詳	母の生年月日　昭和・平成・令和　年　月　日	前回までの妊娠の結果　出生児　人　死産児　胎（妊娠満22週以後に限る）	

その他特に付言すべきことがら

上記のとおり診断（検案）する

診断（検案）年月日　令和　年　月　日

本診断書（検案書）発行年月日　令和　年　月　日

（病院、診療所、介護医療院若しくは介護老人保健施設等の名称及び所在地又は医師の住所）　番地　番　号

（氏名）　医師

記入の注意

- 生年月日が不詳の場合は、推定年齢をカッコを付して書いてください。
- 夜の12時は「午前0時」、昼の12時は「午後0時」と書いてください。
- 「5老人ホーム」は、養護老人ホーム、特別養護老人ホーム、軽費老人ホーム及び有料老人ホームをいいます。
- 死亡したところの種別で「3介護医療院・介護老人保健施設」を選択した場合は、施設の名称に続けて、介護医療院、介護老人保健施設の別をカッコ内に書いてください。
- 傷病名等は、日本語で書いてください。Ⅰ欄では、各傷病について発病の型（例：急性）、病因（例：病原体名）、部位（例：胃噴門部がん）、性状（例：病理組織型）等もできるだけ書いてください。
- 妊娠中の死亡の場合は「妊娠満何週」、また、分娩中の死亡の場合は「妊娠満何週の分娩中」と書いてください。産後42日未満の死亡の場合は「妊娠満何週産後満何日」と書いてください。
- Ⅰ欄及びⅡ欄に関係した手術について、術式又はその診断名と関連のある所見等を書いてください。紹介状や伝聞等による情報についてもカッコを付して書いてください。
- 「2交通事故」は、事故発生からの期間にかかわらず、その事故による死亡が該当します。「5煙、火災及び火焔による傷害」は、火災による一酸化炭素中毒、窒息等も含まれます。
- 「1住居」とは、住宅、庭等をいい、老人ホーム等の居住施設は含まれません。
- 傷害がどういう状況で起こったかを具体的に書いてください。
- 妊娠週数は、最終月経、基礎体温、超音波計測等により推定し、できるだけ正確に書いてください。
- 母子健康手帳等を参考に書いてください。

◎ 身元不明者の死体検案書記載例 1

~~死亡診断書~~（死体検案書）

この死亡診断書（死体検案書）は、我が国の死因統計作成の資料としても用いられます。楷書で、できるだけ詳しく書いてください。

氏名	不詳　①男 2女
生年月日	明治 昭和 大正 平成 令和　年　月　日（推定70～90歳）（生まれてから30日以内に死亡したときは生まれた時刻も書いてください）午前・午後　時　分
死亡したとき	令和 4 年 2 月 7 日 （午前）・午後 3 時 頃 ~~分~~（推定）
死亡したところ及びその種別：死亡したところの種別	1病院 2診療所 3介護医療院・介護老人保健施設 4助産所 5老人ホーム 6自宅 ⑦その他
死亡したところ	東京都街谷市林原２丁目　２ ~~番~~ 番地 ２２ 号
（死亡したところの種別1～5）施設の名称	林原２丁目遊園　（　　　）
死亡の原因 I（ア）直接死因	非定型的縊死　　発病（発症）又は受傷から死亡までの期間：短時間
（イ）（ア）の原因	
（ウ）（イ）の原因	
（エ）（ウ）の原因	
II 直接には死因に関係しないがI欄の傷病経過に影響を及ぼした傷病名等	
手術	①無 2有　部位及び主要所見　手術年月日 令和 平成 昭和　年　月　日
解剖	①無 2有　主要所見
死因の種類	1 病死及び自然死 外因死　不慮の外因死｛2 交通事故 3 転倒・転落 4 溺水 5 煙、火災及び火焔による傷害 6 窒息 7 中毒 8 その他｝ その他及び不詳の外因死｛⑨自殺 10 他殺 11 その他及び不詳の外因｝ 12 不詳の死
外因死の追加事項：傷害が発生したとき	（令和）平成・昭和 4 年 2 月 7 日 （午前）午後 3 時 頃 ~~分~~
傷害が発生したところ	東京 （都）道府県　街谷 （市）郡 区 町村
傷害が発生したところの種別	1住居 2工場及び建築現場 3道路 4その他（　　　）
手段及び状況	公園内の樹木にロープを掛けて縊頚
生後1年未満で病死した場合の追加事項	出生時体重　グラム　単胎・多胎の別 1単胎 2多胎（　子中第　子）　妊娠週数 満　週 妊娠・分娩時における母体の病態又は異状 1無 2有 3不詳　母の生年月日 昭和 平成 令和　年　月　日　前回までの妊娠の結果 出生児　人 死産児　胎（妊娠満22週以後に限る）
その他特に付言すべきことがら	

（左欄注記）
◆I欄、II欄ともに疾患の終末期の状態としての心不全、呼吸不全等は書かないでください
◆I欄では、最も死亡に影響を与えた傷病名を医学的因果関係の順番で書いてください
◆I欄の傷病名の記載は各欄一つにしてください
ただし、欄が不足する場合は（エ）欄に残りを医学的因果関係の順番で書いてください
◆年、月、日等の単位で書いてください ただし、1日未満の場合は、時、分等の単位で書いてください（例：1年3ヵ月、5時間20分）
◆伝聞又は推定情報の場合でも書いてください

上記のとおり診断（検案）する
~~診断~~（検案）年月日　令和 4 年 2 月 7 日
本~~診断書~~（検案書）発行年月日　令和 4 年 2 月 8 日

病院、診療所、介護医療院若しくは介護老人保健施設等の名称及び所在地又は医師の住所：東京都南多摩市中央１丁目１ 番地 １ 号
南都医科大学法医学講座

（氏名）医師　福岡　達也

記入の注意

- 生年月日が不詳の場合は、推定年齢をカッコを付して書いてください。
- 夜の12時は「午前0時」、昼の12時は「午後0時」と書いてください。
- 「5老人ホーム」は、養護老人ホーム、特別養護老人ホーム、軽費老人ホーム及び有料老人ホームをいいます。
- 死亡したところの種別で「3介護医療院・介護老人保健施設」を選択した場合は、施設の名称に続けて、介護医療院、介護老人保健施設の別をカッコ内に書いてください。
- 傷病名等は、日本語で書いてください。I欄では、各傷病について発病の型（例：急性）、病因（例：病原体名）、部位（例：胃噴門部がん）、性状（例：病理組織型）等もできるだけ書いてください。
- 妊娠中の死亡の場合は「妊娠満何週」、また、分娩中の死亡の場合は「妊娠満何週の分娩中」と書いてください。産後42日未満の死亡の場合は「妊娠満何週産後満何日」と書いてください。
- I欄及びII欄に関係した手術について、術式又はその診断名と関連のある所見等を書いてください。紹介状や伝聞等による情報についてもカッコを付して書いてください。
- 「2交通事故」は、事故発生からの期間にかかわらず、その事故による死亡が該当します。「5煙、火災及び火焔による傷害」は、火災による一酸化炭素中毒、窒息等も含まれます。
- 「1住居」とは、住宅、庭等をいい、老人ホーム等の居住施設は含まれません。
- 傷害がどういう状況で起こったかを具体的に書いてください。
- 妊娠週数は、最終月経、基礎体温、超音波計測等により推定し、できるだけ正確に書いてください。母子健康手帳等を参考に書いてください。

◎ 身元不明者の死体検案書記載例２
（内容に矛盾があり、医師の訂正が必要なもの①）

~~死亡診断書~~（死体検案書）

この死亡診断書（死体検案書）は、我が国の死因統計作成の資料としても用いられます。楷書で、できるだけ詳しく書いてください。

氏名	不詳　①男 2女
生年月日	明治 昭和 大正 平成 令和　年　月　日（推定70～90歳）（生まれてから30日以内に死亡したときは生まれた時刻も書いてください）午前・午後　時　分
死亡したとき	令和　4年　2月　7日　午前・午後　3時　頃　分（推定）
死亡したところの種別	1病院 2診療所 3介護医療院・介護老人保健施設 4助産所 5老人ホーム 6自宅 ⑦その他
死亡したところ	東京都街谷市林原２丁目　２番地　２２号
（死亡したところの種別1～5）施設の名称	林原２丁目遊園（　）
死亡の原因 I（ア）直接死因	非定型的縊死　発病（発症）又は受傷から死亡までの期間：短時間
（イ）（ア）の原因	
（ウ）（イ）の原因	
（エ）（ウ）の原因	
II 直接には死因に関係しないがＩ欄の傷病経過に影響を及ぼした傷病名等	
手術	①無 2有　部位及び主要所見　令和　年　月　日
解剖	①無 2有　主要所見
死因の種類	1 病死及び自然死　外因死：不慮の外因死（2 交通事故 … 6 窒息 7 中…）その他及び不詳の外因死（⑨…）12 不詳の死
外因死の追加事項 傷害が発生したとき	令和・平成・昭和 4年 2月 7日 午前・午後 6時10分
傷害が発生したところの種別	1住居 2工場及び建築現場 3道路 ④その他（公園）
傷害が発生したところ	東京都道府県　街谷市郡区町村
手段及び状況	公園内の樹木にロープを掛けて縊頸
生後１年未満で病死した場合の追加事項	出生時体重　グラム／単胎・多胎の別 1単胎 2多胎（子中第　子）／妊娠週数 満　週／妊娠・分娩時における母体の病態又は異状 1無 2有 3不詳／母の生年月日 昭和 平成 令和　年　月　日／前回までの妊娠の結果 出生児　人 死産児　胎（妊娠満22週以後に限る）
その他特に付言すべきことがら	

死亡の原因欄の注記：
◆Ｉ欄、Ⅱ欄ともに疾患の終末期の状態としての心不全、呼吸不全等は書かないでください
◆Ｉ欄では、最も死亡に影響を与えた傷病名を医学的因果関係の順番で書いてください
◆Ｉ欄の傷病名の記載は各欄一つにしてください
ただし、欄が不足する場合は（エ）欄に残りを医学的因果関係の順番で書いてください

期間欄の注記：◆年、月、日等の単位で書いてください　ただし、１日未満の場合は、時、分等の単位で書いてください（例：１年３ヵ月、５時間20分）

外因死の追加事項欄の注記：◆伝聞又は推定情報の場合でも書いてください

上記のとおり診断（検案）する　~~診断~~…　本~~診断書~~（検案…

病院、診療所、介護医療院若しくは介護老人保健施設等の名称及び所在地又は医師の住所：東京都南多摩市中央１…　南都医科大学法医学…

（氏名）医師　福岡　達也

『傷害が発生したとき』に誤って発見日時を記載しているため『死亡したとき』と前後が矛盾している

『署名』又は『記名押印』が必須だが、印刷された氏名（記名）のみでは死体検案書として無効

記入の注意

生年月日が不詳の場合は、推定年齢をカッコを付して書いてください。

夜の12時は「午前０時」、昼の12時は「午後０時」と書いてください。

「5老人ホーム」は、養護老人ホーム、特別養護老人ホーム、軽費老人ホーム及び有料老人ホームをいいます。

死亡したところの種別で「3介護医療院・介護老人保健施設」を選択した場合は、施設の名称に続けて、介護医療院、介護老人保健施設の別をカッコ内に書いてください。

傷病名等は、日本語で書いてください。
Ｉ欄では、各傷病について発病の型（例：急性）、病因（例：病原体名）、部位（例：胃噴門部がん）、性状（例：病理組織型）等もできるだけ書いてください。

妊娠中の死亡の場合は「妊娠満何週」、また、分娩中の死亡の場合は「妊娠満何週の分娩中」と書いてください。
産後42日未満の死亡の場合は「妊娠満何週産後満何日」と書いてください。

Ｉ欄及びⅡ欄に関係した手術について、術式又はその診断名と関連のある所見等を書いてください。紹介状や伝聞等による情報についてもカッコを付して書いてください。

「2交通事故」は、事故発生からの期間にかかわらず、その事故による死亡が該当します。
「5煙、火災及び火焔による傷害」は、火災による一酸化炭素中毒、窒息等も含まれます。

「1住居」とは、住宅、庭等をいい、老人ホーム等の居住施設は含まれません。

傷害がどういう状況で起こったかを具体的に書いてください。

妊娠週数は、最終月経、基礎体温、超音波計測等により推定し、できるだけ正確に書いてください。

母子健康手帳等を参考に書いてください。

◎ 身元不明者の死体検案書記載例 3
（内容に矛盾があり、医師の訂正が必要なもの②）

~~死亡診断書~~（死体検案書）

この死亡診断書（死体検案書）は、我が国の死因統計作成の資料としても用いられます。楷書で、できるだけ詳しく書いてください。

記入の注意

氏名	不詳　①男 2女
生年月日	明治 昭和 大正 平成 令和　年 月 日（推定70～90歳）（生まれてから30日以内に死亡したときは生まれた時刻も書いてください）午前・午後 時 分
死亡したとき	令和 4 年 2 月 1 日 （午前）・午後 7 時 32 分（死亡確認）
死亡したところの種別	1病院 2診療所 3介護医療院・介護老人保健施設 4助産所 5老人ホーム 6自宅 ⑦その他
死亡したところ	東京都南多摩市中央１丁目 1 （番） 1 （号） 番地
（死亡したところの種別1～5）施設の名称	南都医科大学付属病院（　　）
死亡の原因 I（ア）直接死因	多発外傷　発病（発症）又は受傷から死亡までの期間：不詳
（イ）（ア）の原因	
（ウ）（イ）の原因	
（エ）（ウ）の原因	
II 直接には死因に関係しないがI欄の傷病経過に影響を及ぼした傷病名等	
手術	①無 2有　部位及び主要所見
解剖	①無 2有　主要所見
死因の種類	1 病死及び自然死　外因死　不慮の外因死 {2 交通事故 3 … 6 窒息 7 中毒 …}　その他及び不詳の外因死 {⑨自…}　12 不詳の死
外因死の追加事項　傷害が発生したとき	（令和）平成・昭和 4 年 2 月 7 日 （午前） 午後 7 時 32 分
傷害が発生したところの種別	1住居 2工場及び建築現場 ③道路 4その他（　）
傷害が発生したところ	東京 （都）道府県　街谷 （市）郡 区 町村
手段及び状況	マンション屋上から墜落したという。
生後1年未満で病死した場合の追加事項	出生時体重　グラム　単胎・多胎の別 1単胎 2多胎（ 子中第 子）　妊娠週数 満 週　妊娠・分娩時における母体の病態又は異状 1無 2有 3不詳　母の生年月日 昭和 平成 令和 年 月 日　前回までの妊娠の結果 出生児 人 死産児 胎（妊娠満22週以後に限る）
その他特に付言すべきことがら	

◆I欄、II欄ともに疾患の終末期の状態としての心不全、呼吸不全等は書かないでください
◆I欄では、最も死亡に影響を与えた傷病名を医学的因果関係の順番で書いてください
◆I欄の傷病名の記載は各欄一つにしてください
　ただし、欄が不足する場合は（エ）欄に残りを医学的因果関係の順番で書いてください
◆年、月、日等の単位で書いてください　ただし、1日未満の場合は、時、分等の単位で書いてください
◆伝聞又は推定情報の場合でも書いてください

上記のとおり診断（検案）する　~~診断~~（検案）年月日 令和 4 年 2 月 7 日
本~~診断書~~（検案書）発行年月日 令和 4 年 2 月 8 日
（病院、診療所、介護医療院若しくは介護老人保健施設等の名称及び所在地又は医師の住所）
東京都南多摩市中央１丁目 1 （番） 1 （号） 番地
南都医科大学法医学講座
（氏名）　医師　福岡　達也

『傷害が発生したとき』に誤って死亡日時を記載しているため、『死亡したところ』と『傷害が発生したところ』が場所的に矛盾している（一瞬で市町村間を移動したことになっている）

生年月日が不詳の場合は、推定年齢をカッコを付して書いてください。

夜の12時は「午前0時」、昼の12時は「午後0時」と書いてください。

「5老人ホーム」は、養護老人ホーム、特別養護老人ホーム、軽費老人ホーム及び有料老人ホームをいいます。

死亡したところの種別で「3介護医療院・介護老人保健施設」を選択した場合は、施設の名称に続けて、介護医療院、介護老人保健施設の別をカッコ内に書いてください。

傷病名等は、日本語で書いてください。
I欄では、各傷病について発病の型（例：急性）、病因（例：病原体名）、部位（例：胃噴門部がん）、性状（例：病理組織型）等もできるだけ書いてください。

妊娠中の死亡の場合は「妊娠満何週」、また、分娩中の死亡の場合は「妊娠満何週の分娩中」と書いてください。
産後42日未満の死亡の場合は「妊娠満何週産後満何日」と書いてください。

I欄及びII欄に関係した手術について、術式又はその診断名と関連のある所見等を書いてください。紹介状や伝聞等による情報についてもカッコを付して書いてください。

「2交通事故」は、事故発生からの期間にかかわらず、その事故による死亡が該当します。
「5煙、火災及び火焔による傷害」は、火災による一酸化炭素中毒、窒息等も含まれます。

「1住居」とは、住宅、庭等をいい、老人ホーム等の居住施設は含まれません。

傷害がどういう状況で起こったかを具体的に書いてください。

妊娠週数は、最終月経、基礎体温、超音波計測等により推定し、できるだけ正確に書いてください。

母子健康手帳等を参考に書いてください。

6　行旅死亡人身元判明時の措置

(1)　概論

行旅死亡人公告により、心当たりのある者から申告があったとしても、市区町村において、死亡者の身元を判断することは現実的ではないし、戸籍法に基づく死亡届を親族が提出するにしても死体検案書が必要となるので、実務上、警察署への問合せを案内することになります。

警察から身元判明の連絡があった場合、行旅法に基づく相続人等への通知、戸籍法上の手続き（本籍等判明報告・死亡届)、そして遺骨及び所持品の引渡しが発生します。

(2)　相続人等への通知

行旅法10条では、行旅死亡人の住所若しくは居所及び氏名が判明したときは、速やかに相続人に通知し、相続人が不明なときは扶養義務者若しくは同居の親族に通知することが定められています。

(3)　戸籍法上の手続き

死亡の事実を戸籍に反映させるには、戸籍法92条2項による警察官による本籍判明報告、同条3項による届出義務者（一般的には親族）からの死亡届出のいずれかによることになります。戸籍の記載は、どちらによるものかによって異なる（「【報告者】〇〇警察署長」となるか「【届出人】親族　〇〇〇〇」となるか）ため、遺族等とコンタクトを取り、死亡届出の意思を確認することが望ましいと考えますが、警察官からの死亡報告をもとに戸籍記載することに何らの法的問題はないので、親族からの死亡届出が期待できなかったり、届出が遅れるような場合に、あえて死亡届出を待つ必要はありません。さらに、引取者が死亡届出資格のない者（例えば近隣住民、知人、元配偶者や宗教者）であるような場合は、警察官からの本籍等判明報告により戸籍を記載するべきです。

警察官からの本籍等判明報告がされたとしても、死亡者を認識した届出義務者である同居の親族や同居者は、10日以内に死亡届を提出することが戸籍法に定められています。これは、戸籍に死亡の事実を遺漏なく反映させるための規定です。しかし、本籍等判明報告により戸籍の記載までが完了した時点に至っては、規定の趣旨は既に果たされたと考えられるため、この届出義務は免れ得るものとされています。

戸籍担当の処理ですが、本籍等判明報告と死亡届が重複した場合には、いずれか早い方により戸籍に記載し、遅い方は記載不要届書綴りに編綴することになります。なお、死亡届と警察官からの本籍等判明報告書とが同時に提出された場合は、死亡届に基づいた戸籍の記載をする方法が容認されています（戸籍時報第523号84頁以下）。

⑷　死亡届への死体検案書（死亡診断書）の添付

親族からの死亡届には、通常の死亡届と同様に死体検案書（死亡診断書）の添付が必要となります。通常、検案医に氏名・生年月日を記載した死体検案書を再発行してもらうか、当初の氏名不詳の死体検案書の各欄を訂正してもらうことになります。

医師の協力拒否や退職などにより、再発行や訂正ができない場合は、当初の氏名不詳の死体検案書を添付書類として死亡届を遺族等に記載してもらい、警察官からの本籍判明報告と同時提出するという方法があります。死亡届、死体検案書、本籍等判明報告書、本籍等不明死体調査書の内容が整合することで死亡者の同一人性を確認できれば、氏名不詳とされた死体検案書の訂正をせずに死亡届を受理することが可能です（戸籍時報第523号84頁以下）。

前述のとおり、関係書類の整合性について十分確認する必要があるのは、この手続きの際に矛盾があると同一人性が確認できないということになりかねないからです。

したがって、警察から身元判明の報告があったとき、行旅法担当者は、親族からの死亡届出が期待できるかを確認し、死亡届出が期待できるときは、死体検案書の再発行等について警察と調整しておくことが必要となります。

⑸　遺骨及び所持品引渡し

行旅法担当者が、遺族等に対して遺骨及び所持品の引き渡すときには、相続人全員が集まった場所で引渡しをしたり、相続人を代表する者に引き渡すことが妥当と考えます。後日のトラブルを避けるため、受領書等を作成し、相続人から署名又は押印を徴取するなどの対応が必要となります。

⑹　遺骨引渡しに関する墓地埋葬法上の手続き

遺骨（焼骨）については、引渡し後に遺族等が墓地・納骨堂に埋蔵・収蔵（以下、「姻族等による埋蔵等」という。）をすることになることから、墓地埋葬法上の手続きについても必要になります。

①無縁墓地・無縁納骨堂等に埋蔵・収蔵されている場合

すでに焼骨が無縁墓地（墳墓）や納骨堂に埋蔵・収蔵されている場合は、行旅法担当者が墓地管理者に連絡の上、焼骨を引き取ってから、改めて遺族等に引渡しをすることになります。遺族等による埋蔵等の際には、遺族等が改葬許可申請をし、改葬許可証の交付を受けることになります。

納骨先が未定の場合ですが、対応としては、二つ考えられます。

最初の方法は、改葬の場所を空欄とした改葬許可証を交付するものです。ただし、一般に改葬とは、死体や焼骨を墳墓等から墳墓等へ移すことですので、改葬先空欄の改葬許可証は、制度の趣旨からすると、いささか便宜的過ぎる方法と考えます。埋蔵・収蔵先が決定次第、改葬先変更として、改葬許可再申請をすることが本来的には妥当と考えます（生活と環境1994年6月号55頁）。

次の方法は、改葬許可証に代えて、当該焼骨の引渡し経過を示した引渡証明書等を発行し、遺族等に交付することも考えられます。将来、埋蔵・収蔵する際には、その証明書等をもとに、遺族等が改葬許可申請をすることになります。

改葬許可申請先の市区町村についてですが、自宅安置された焼骨の一般的な対応としては、新たに埋蔵・収蔵先の意思を有した時点で、当初の焼骨取出しの時点に遡って改葬の着手となることから、焼骨が当初、埋蔵・収蔵されていた地において改葬許可申請を行うべきとされています。しかし、特例として焼骨が現に存する地の市区町村長も改葬許可を行うこともできるとされています（生活と環境1996年5月号67頁）。

②火葬執行済であるが埋蔵・収蔵していない場合

焼骨を一時保管中であった場合は、火葬許可証・火葬済証明書の記載が問題となります。身元不明として発行済みの火葬許可証記載の死亡者との同一人性をどのように担保するのかが問題となります。

方法としては、まず、相続人宛ての行旅法通知の中で、当該火葬許可証の死亡者との同一人性に言及することが考えられます。例えば、行旅法通知の中に「当該行旅死亡人は令和○年○月○日付○○市区町村長火葬許可第×××号により火葬執行済である」といった文言を含めることが考えられます。

行旅法通知以外にも、同一人性を証明する文書を適宜の証明書として発行することも考えられます。ただし、一般行政証明の場合は、証明書交付手数料が生じる可能性もあるので、証明書の体裁とするかは、市区町村において検討が必要です。

あるいは、火葬許可証を直接訂正することも考えられます。この場合は、火葬許可者である市区町村長（火葬許可をした戸籍担当部署）が、氏名、生年月日、死亡者の本籍・住所といった欄にある「不詳」の文言を抹消線により消除し、訂正として市区町村長の職印を押捺し、判明した情報を記載し、火葬許可証の欄外に「令和○年○○月○○日、本籍等判明につき氏名、生年月日、死亡者の本籍、死亡者の住所の各欄訂正　○○市区町村長（職印）」のように記載することが妥当と考えます。火葬許可証を訂正する場合は、火葬場管理者に連絡を取り、火葬簿の訂正が必要か確認することが望ましいと考えます。

◆参考条文◆

行旅法

第10条〔行旅死亡人の関係者への通知〕

行旅死亡人ノ住所若ハ居所及氏名知レタルトキハ市町村ハ速ニ相続人ニ通知シ相続人分明ナラサルトキハ扶養義務者若ハ同居ノ親族ニ通知シ又ハ第13条ニ掲ケタル公共団体ニ通知スヘシ

戸籍法

第92条〔本籍不明者・認識不能者の死亡報告〕

死亡者の本籍が明かでない場合又は死亡者を認識することができない場合には、警察官は、検視調書を作り、これを添附して、遅滞なく死亡地の市町村長に死亡の報告をしなければならない。

2　死亡者の本籍が明かになり、又は死亡者を認識することができるに至つたときは、警察官は、遅滞なくその旨を報告しなければならない。

3　第1項の報告があつた後に、第87条第1項第1号又は第2号に掲げる者が、死亡者を認識したときは、その日から10日以内に、死亡の届出をしなければならない。

墓地埋葬法

第2条3項〔埋葬・火葬・改葬・墳墓・墓地・納骨堂・火葬場の定義〕

この法律で「改葬」とは、埋葬した死体を他の墳墓に移し、又は埋蔵し、若しくは収蔵した焼骨を、他の墳墓又は納骨堂に移すことをいう。

第5条〔埋葬・火葬又は改葬の許可〕

埋葬、火葬又は改葬を行おうとする者は、厚生労働省令で定めるところにより、市町村長（特別区の区長を含む。以下同じ。）の許可を受けなければならない。

2　前項の許可は、埋葬及び火葬に係るものにあつては死亡若しくは死産の届出を受理し、死亡の報告若しくは死産の通知を受け、又は船舶の船長から死亡若しくは死産に関する航海日誌の謄本の送付を受けた市町村長が、改葬に係るものにあつては死体又は焼骨の現に存する地の市町村長が行なうものとする。

第8条〔許可証の交付〕

市町村長が、第5条の規定により、埋葬、改葬又は火葬の許可を与えるときは、埋葬許可証、改葬許可証又は火葬許可証を交付しなければならない。

◆ポイント◆

■　警察官からの本籍等判明報告と親族からの死亡届出は両方必要である（警察官からの報告により死亡事項が戸籍に記載されれば、届出義務を免れる）。

■　戸籍の記載は、本籍等判明報告、死亡届、いずれか早い方によって行うが、記載内容が異なる。

■　親族が死亡届出の意思を有するときは、死亡報告との先後を確認する。

■　死亡届に添付するため死体検案書の再発行等について警察と調整しておく。

■　遺骨及び所持品の引渡しに当たっては後日のトラブル防止に留意する。

■　納骨済の遺骨引渡しには、改葬手続きの案内が必要になる。

■　納骨前の遺骨引渡しには、火葬許可証と死亡者の同一人性を担保するための文書又は火葬許可証の訂正等が生じることもあるので調整しておく。

(7)　本籍等判明報告書

①根拠法令

戸籍法92条2項

死体取扱規則7条2項、別記様式第5号

②作成者

当該死亡者について死亡報告をした警察官

③提出先

当該死亡者について死亡報告をした先（死亡地）の市区町村長

④概要

警察官が市区町村長に対して戸籍法に基づき行う死亡者の本籍等が判明した旨の報告です。

⑤注意点

ア　作成者

作成者については、死亡報告書と同様であり、報告者は警察署長が適当と考えます。警察署長を報告者とする場合、様式中の印刷文字は「警察署」となっているので「長」の字を追記し、「警察署長」とすることを失念しないよう注意が必要です。

イ　記載内容

死体を特定すべき事項としては、本籍等不明死体として報告した当該死体と本籍等判明死体との同一性を確認できる程度の事項を簡記すれば足り（捜査実務研究会『現場警察官のための死体の取扱い』178頁（立花書房、2008年））、具体的には死亡の日時、死亡の場所で足ります（荒木文明＝菅弘美『「死亡届」のすべて』220頁（日本加除出版、2013））。

⑥戸籍事務取扱い上のポイント

本籍等判明報告書を届書として、受理します。当該市区町村に本籍のある者（本籍人）だった場合は、死亡報告書及び本籍等判明報告書を合綴し、戸籍の記載をします。当該市区町村以外に本籍のある者（非本籍人）だった場合は、死亡報告書及び本籍等判明報告書を合綴し、本籍地に発送しますが、発送欄の処理は死亡報告書のみ行います。

⑦戸籍記載例（山下敦子『戸籍の窓口Ⅳ』42頁（日本加除出版、2020年））

・死亡報告を受理した市区町村から死亡者の本籍地に送付された場合

【死亡日】令和４年２月７日
【死亡時分】推定午前３時
【死亡地】東京都街谷市
【報告日】令和４年４月１日　　←死亡報告日（本籍等判明報告日は記録されない）
【報告者】街谷警察署長
【送付を受けた日】令和５年１月１３日
【受理者】東京都街谷市長

・死亡報告を受理した市区町村が死亡者の本籍地だった場合

【死亡日】令和４年２月７日
【死亡時分】推定午前３時
【死亡地】東京都街谷市
【報告日】令和４年１２月２８日　　←本籍等判明報告日（死亡報告日は記録されない）
【報告者】街谷警察署長

◆参考条文◆

戸籍法

第92条第２項〔本籍不明者・認識不能者の死亡報告〕

　死亡者の本籍が明かになり、又は死亡者を認識することができるに至つたときは、警察官は、遅滞なくその旨を報告しなければならない。

死体取扱規則第７条第２項（本籍等の不明な死体に係る報告）

　戸籍法第92条第２項の規定による報告は、死亡者の本籍等判明報告書（別記様式第５号）により行うものとする。

◎ 死亡者の本籍等判明報告書の様式

別記様式第５号（第７条関係）

<table>
<tr><td colspan="3">死亡者の本籍等判明報告書

年　　月　　日

市区町村長　　殿

警察署

官職　　　　　　　　印
死亡者の本籍が明らかでない（死亡者を認識することができない）ため、貴職に報告した死体については、次のとおり判明したので、戸籍法第92条第２項の規定により報告します。</td></tr>
<tr><td>当該死亡報告に係る死体</td><td>死亡報告年月日

その他死体を特定すべき事項</td><td></td></tr>
<tr><td>判明した事項</td><td>本籍（国籍）

筆頭者の氏名

住居

氏名

生年月日

性別</td><td></td></tr>
<tr><td colspan="2">備考</td><td></td></tr>
</table>

注意　必要でない事項は、消すこと。

（用紙　日本産業規格Ａ４）

◎記　入　例

別記様式第５号（第７条関係）

死亡者の本籍等判明報告書

令和　４　年　１２　月　２８　日

東京都街谷　市~~区町村~~長　　殿

警視庁街谷 警察署 長

官職　警視正　小松　尚隆

死亡者の本籍が明らかでない（~~死亡者を認識することができない~~）ため、貴職に報告した死体については、次のとおり判明したので、戸籍法第92条第２項の規定により報告します。

当該死亡報告に係る死体	死亡報告年月日	令和４年４月１日
	その他死体を特定すべき事項	死亡の日時 令和４年２月７日　午前３時頃 死亡の場所 東京都街谷市林原２丁目２番２２号　林原２丁目遊園
判明した事項	本籍（国籍）	東京都大山市鳴瀬９８７番地
	筆頭者の氏名	松田　誠ノ助
	住居	神奈川県相模中央市渕川１丁目２番３号 メゾン淵川２０１
	氏名	松田　誠三
	生年月日	昭和１８年８月８日
	性別	男
備考		

注意　必要でない事項は、消すこと。

（用紙　日本産業規格Ａ４）

7　引取者なき死胎の取扱い

(1)　概説

引取者なき死胎（死産児）についても、行旅死亡人として取り扱われることがあります。具体的には、死体遺棄事件として警察に通報があったようなケースで、法医鑑定の結果、嬰児死体（出生した後に死亡）ではなく死胎（死産）であったことが判明した後、市区町村に引き渡されるようなケースが該当します。

(2)　死産届や墓地埋葬法の火葬許可の対象となる死胎

死産については、死産届出規程の２条で「妊娠第４月以後における死児の出産」と定義されています。また、墓埋葬法の第２条においては、「死体（妊娠４箇月以上の死胎を含む。……)」と定義されています。したがって、妊娠４か月以上の死産は死産届の対象となり、その死胎は墓地埋葬法による火葬・埋葬の許可を要することになります。なお、妊娠４か月は週数でいうところの「妊娠満12週」に相当します。

妊娠４か月以上の死胎を火葬するには、死産届規程と墓地埋葬法が適用となりますので、父母等からの死産届出又は警察からの死産通知と、火葬許可が必要となります。

◆参考条文◆

死産届出規程

第２条〔死産・死児の定義〕

この規程で、死産とは妊娠第４月以後における死児の出産をいひ、死児とは出産後において心臓膊動、随意筋の運動及び呼吸のいづれをも認めないものをいふ。

墓地埋葬法

第２条第１項〔埋葬・火葬・改葬・墳墓・墓地・納骨堂・火葬場の定義〕

この法律で「埋葬」とは、死体（妊娠４箇月以上の死胎を含む。以下同じ。）を土中に葬ることをいう。

墓地埋葬法

第５条〔埋葬・火葬又は改葬の許可〕

埋葬、火葬……を行おうとする者は、……市町村長……の許可を受けなければならない。

2　前項の許可は、埋葬及び火葬に係るものにあつては……死産の届出を受理し、……死産の通知を……受けた市町村長が……行なうものとする。

⑶　母の不明な死産児に関する通知書

母の不明な死産児（4か月以上の死胎）については、死産届規程9条と死体取扱規則8条で、警察官による通知が規定されています。母の不明な死産児は、当然に死体遺棄罪等の嫌疑があり、警察の捜査が行われますが、捜査しても母が不明であるときは、市区町村長への死産通知と、死胎の引渡しが行われることになります。

◆参考条文◆

死産届出規程

第９条〔母不明の死産児があったとき〕

母の不明な死産児があつたときは、警察官は、医師の作成した死胎検案書を添附して、その旨を遅滞なく発見地の市町村長に通知しなければならない。

死体取扱規則

第８条（母の不明な死産児に係る通知）

死産の届出に関する規程（昭和21年厚生省令第42号）第9条の規定による通知は、母の不明な死産児に関する通知書（別記様式第6号）により行うものとする。

2　警察署長は、死産の届出に関する規程第9条の規定による通知を行った場合において、死産児の母が明らかになったときは、遅滞なく、同条に規定する市町村長に対し、その旨を通知しなければならない。

死体取扱規則８条２項の判明通知は、判明した母に対して市区町村は行旅法に基づく費用弁償を求められること等から定められたとのことで、口頭又は任意の様式の書面によって行われます（捜査実務研究会『現場警察官のための死体の取扱い』44頁以下（立花書房、2008年））。

なお、市区町村としては費用弁償や遺骨引渡し等の根拠となるものですので、判明通知は極力、書面で受けることが望ましいと考えます。

なお、通常の行旅死亡人の際に警察が作成する「死亡報告書」「本籍等不明死体調査書」は不要です。死亡報告書及び本籍等不明死体調査書は戸籍法92条に規定のあるもので、本籍等は不明だが戸籍を有すると思われる者についての死亡の報告です。また、出生直後に死亡した嬰児の場合には「棄児発見報告」「死亡届」という手続きで、一度、戸籍が編製された後に除籍となることも考えられますが、これらの手続きは出生したことが前提となります。すなわち、戸籍に記載され得ない死胎には、これらの戸籍法の規定を適用する余地がないことになります。

参考までに、死産は原則として戸籍には関わらないものですが、例外的に戸籍法の手続きが必要となるケースもあります。それは、胎児認知です。胎児認知届は母の本籍地が届出地に限定されており、母の本籍地の戸籍担当が胎児認知届書を保管しています。胎児認知の旨は、出生後、戸籍に記載されることになりますが、死産の場合は戸籍に記載されません。胎児認知された胎児が死産した場合は、別途、母からの戸籍法65条に基づく死産届が必要になります。

⑷　行旅死亡人としての取扱い

①妊娠４か月以上の死胎

上述のように、死産規程や墓地埋葬法の対象とする死胎は、妊娠４か月以上に限定されますが、行旅死亡人としての取扱いはどうなるのでしょうか。

昭和62年２月12日付社保第14号厚生省社会局長通知『行旅病人の救護等の事務の団体事務化について』において、「行旅死亡人には、引取者のない死胎が含まれる」とされています。したがって、妊娠４か月以上の死胎は、上述のとおりの流れを経て、行旅死亡人として、葬祭が執行されることになります。

なお、東京都の手引きによれば、行旅法の対象となる死胎は警察から引渡しを受けた死産児に限られ、「病院等で親が引き取らなかった中絶胎児は含まない」との運用が示されています。

②妊娠４か月未満の死胎

厚生省通知では妊娠４か月未満の死胎について明示されていませんが、東京都では「廃棄物処理法上の感染性廃棄物として処理される例もあるようだが、行旅として取扱う場合は妊娠月数に関係なく「死亡人」の取扱いをすること」とされています（東京都福祉保健局生活福祉部保護課「行旅病人、行旅死亡人及び墓地埋葬法第９条事務の手引」（2017年））。また、警察における取扱いの根拠法令である死因・身元調査法や死体取扱規則においては、対象となる「死体」には、妊娠月数による除外規定はありません。

ところが、前述のとおり、妊娠４か月未満の死胎については、死産届規程や墓地埋葬法の適用となりませんので、法律の間隙に落ちているようにも思われます。

このような場合には、便宜、警察から死胎検案書等を添付した死産通知の提出を受け、これにより処理することが妥当と考えます。あるいは、死産通知に準じる文書を便宜作成し、妊娠４か月未満であることを記載するよう依頼することも可能と考えます。

また、「埋葬等が、国民の宗教的感情に適合」という墓地埋葬法１条の精神を踏まえると、引渡しを受けた死胎は、廃棄物として処理するのではなく、「人体の一部」や「胞衣」等として火葬すること が適当と考えます。

◎ 母の不明な死産児に関する通知書

別記様式第６号（第８条関係）

母の不明な死産児に関する通知書

年　　月　　日

市区町村長　　殿

警察署

官職　　　　　　　　　　　　　　　印

母の不明な死産児に関し、死産の届出に関する規程（昭和 21 年厚生省令第 42 号）第９条の規定により、死胎検案書を添えて通知します。

注意　必要でない事項は、消すこと。

（用紙　日本産業規格Ａ４）

◎記　入　例

別記様式第6号（第8条関係）

母の不明な死産児に関する通知書

令和　4年　4月　1日

東京都街谷　市~~区町村~~長　殿

警視庁街谷　警察署　**長**
官職　**警視正　小 松 尚 隆**

母の不明な死産児に関し、死産の届出に関する規程（昭和21年厚生省令第42号）第9条の規定により、死胎検案書を添えて通知します。

注意　必要でない事項は、消すこと。

（用紙　日本産業規格A4）

第3 墓地埋葬法・埋火葬許可に関する解説

1 「埋葬」「火葬」「焼骨」「改葬」「墳墓」「墓地」「納骨堂」「火葬場」とは（用語の定義）

「埋　　葬」＝死体を土中に葬ること。土葬。
「火　　葬」＝死体を葬るために焼くこと。死体を焼骨にすること。
「焼　　骨」＝死体を火葬した結果として生じる遺骨。
「改　　葬」＝墳墓に埋葬された死体をほかの墳墓に移す、又は火葬してから埋蔵・収蔵すること。墳墓・納骨堂に埋蔵・収蔵された焼骨を他の墳墓・納骨堂に移すこと。
「墳　　墓」＝死体を埋葬し、又は焼骨を埋蔵する施設。
「墓　　地」＝墳墓を設けるために、墓地として許可を受けた区域。
「納 骨 堂」＝他人の委託を受けて焼骨を収蔵するために、納骨堂として許可を受けた施設。町村部では都道府県が墓地等経営許可を所管しているが、市区では保健所や環境部署が所管している。
「火 葬 場」＝火葬場として許可を受けた施設。

したがって、

> 遺体をお墓に土葬する＝死体を埋葬する
> 遺骨をお墓に納骨する＝焼骨を埋蔵する
> 遺骨を納骨堂に納骨する＝焼骨を収蔵する

となります。
「遺骨を埋葬する」は法律用語としては誤りですし、「埋葬許可証」は土葬を許可する書面となります。

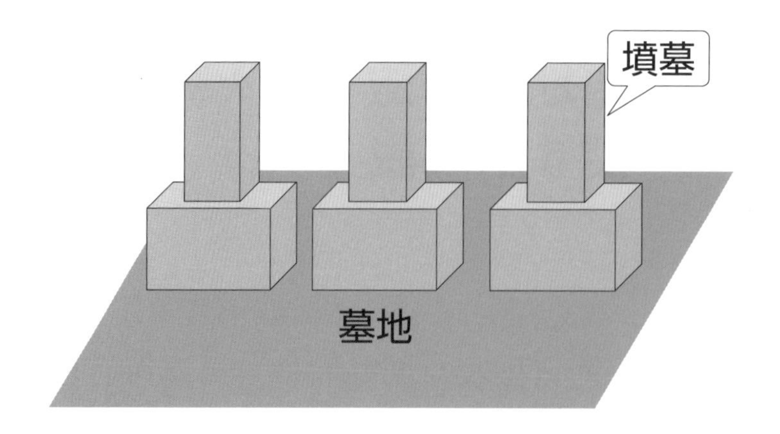

◆参考条文◆

墓地埋葬法

第2条〔埋葬・火葬・改葬・墳墓・墓地・納骨堂・火葬場の定義〕

この法律で「埋葬」とは、死体（妊娠4箇月以上の死胎を含む。以下同じ。）を土中に葬ることをいう。

2　この法律で「火葬」とは、死体を葬るために、これを焼くことをいう。

3　この法律で「改葬」とは、埋葬した死体を他の墳墓に移し、又は埋蔵し、若しくは収蔵した焼骨を、他の墳墓又は納骨堂に移すことをいう。

4　この法律で「墳墓」とは、死体を埋葬し、又は焼骨を埋蔵する施設をいう。

5　この法律で「墓地」とは、墳墓を設けるために、墓地として都道府県知事（市又は特別区にあつては、市長又は区長。以下同じ。）の許可を受けた区域をいう。

6　この法律で「納骨堂」とは、他人の委託をうけて焼骨を収蔵するために、納骨堂として都道府県知事の許可を受けた施設をいう。

7　この法律で「火葬場」とは、火葬を行うために、火葬場として都道府県知事の許可をうけた施設をいう。

2 市区町村の発行する「埋火葬許可証」「火埋葬許可証」という書面の意味

「埋火葬許可証」「火埋葬許可証」は、埋葬許可証・火葬許可証が兼用できる様式として市区町村で使用しているものです。「埋葬＝土葬」という墓地埋葬法の用語の定義が押えておくべきポイントになります。

一部の市区町村では、「火埋葬許可証」という標題で発行していて、市民に対して「これは火葬を許可する書類です、火葬すると火葬場管理者の押印がされ、遺骨を埋葬する許可証になります、だから火埋葬許可証なのです」という便宜的な説明をしている事例もあります。厳密には、火葬許可証に火葬済みである旨の証明をしたものは「埋葬許可証」ではありません。

「標題が火埋葬許可証ではなく火葬許可証となっているが、埋葬（納骨）に問題はないのか」との疑問を持たれることもありますが、「問題ありません、納骨できます」と回答することになります。

3　死亡から納骨までの一般的な流れ（遺族の視点から）

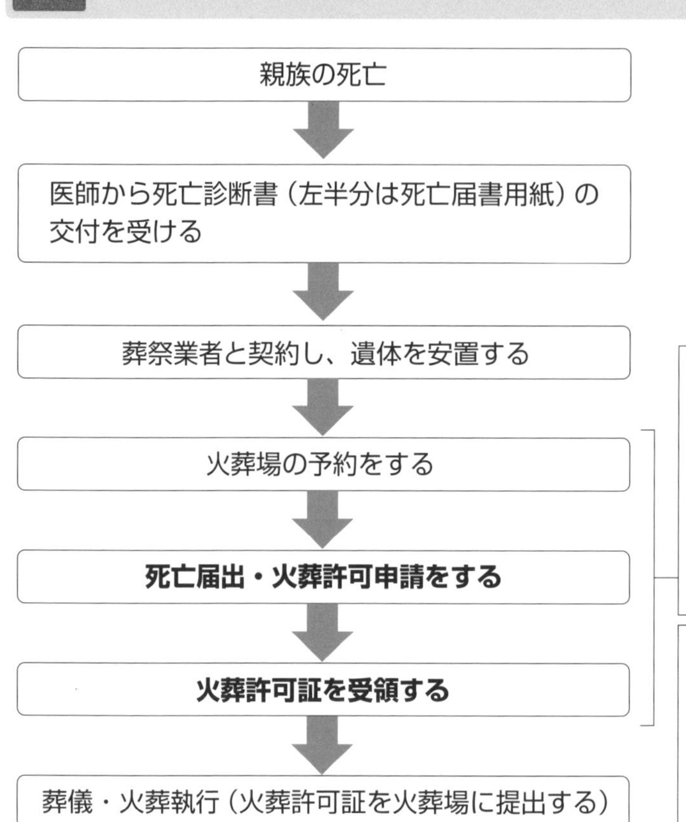

4 死亡直後24時間は埋火葬できない理由

墓地埋葬法3条では、死亡後24時間以内の埋火葬を禁止しています。この規定の歴史は古く、明治17年10月4日太政官布達第25号「墓地及埋葬取締規則」に「死体は死後24時間を経過するに非ざれば埋葬又は火葬をなすことを得ず」（※現代仮名遣いに改めた）と定められています。歴史的背景としては、生死の判断を誤って生者を埋葬・火葬してしまうという、いわゆる「早すぎる埋葬」を防ぐために設けられたものと考えられます。

昨今でも、例えば、現場に駆け付けた救急隊員から「明らかに死亡している」と判断された者が、警察署の霊安室に搬送する際に生存確認されたというニュースが世間を騒がせることがあります。そんなこともあり、明治時代の規定が今なお生き続けていると考えられます。

24時間以内の埋火葬について「他の法令に別段の定があるものを除く」とされていますが、24時間以内に埋火葬できる例外が定められている法令には何があるのでしょうか。

代表的なものは感染症法です。同法30条の規定により、一類感染症・二類感染症・三類感染症・新型インフルエンザ等感染症の病原体に汚染された（汚染の疑い含む）死体は、24時間以内に火葬することができるとされています。これらの感染症の具体例を挙げると、エボラ出血熱、ペスト、SARS、コレラといったものです。つまり、死亡後24時間以内であっても、速やかに火葬することが、感染症のまん延を防止するための公衆衛生的な見地から要請されているものとなります。ちなみに、新型コロナウイルス感染症による死亡が生じるまで、この規定が埋火葬許可実務上、意識されることはほとんどありませんでした。

蛇足ですが、これらの感染症の病原体に汚染された死体（疑い含む）は、火葬が原則となります。土葬するには、十分な消毒を行うとともに、都道府県知事（保健所の設置されている市区では市区長）から別途、感染症に基づく埋葬許可を得ることが必要となります。

また、墓地埋葬法3条ただし書では、妊娠7か月未満（24週未満）の死産のときは、24時間以内の埋火葬が許容されています。これは、妊娠７か月未満の胎児は、母胎から出たら自力で生存できる可能性がないため、あえて24時間待つ必然性がないことによります。

◆参考条文◆

墓地埋葬法

第３条

埋葬又は火葬は、他の法令に別段の定があるものを除く外、死亡又は死産後24時間を経過した後でなければ、これを行つてはならない。但し、妊娠７箇月に満たない死産のときは、この限りでない。

感染症法

第30条（死体の移動制限等）

都道府県知事は、一類感染症、二類感染症、三類感染症又は新型インフルエンザ等感染症の発生を予防し、又はそのまん延を防止するため必要があると認めるときは、当該感染症の病原体に汚染され、又は汚染された疑いがある死体の移動を制限し、又は禁止することができる。

2　一類感染症、二類感染症、三類感染症又は新型インフルエンザ等感染症の病原体に汚染され、又は汚染された疑いがある死体は、火葬しなければならない。ただし、十分な消毒を行い、都道府県知事の許可を受けたときは、埋葬することができる。

3　一類感染症、二類感染症、三類感染症又は新型インフルエンザ等感染症の病原体に汚染され、又は汚染された疑いがある死体は、24時間以内に火葬し、又は埋葬することができる。

船員法施行規則

第４条（水葬）

船長は、次のすべての条件を備えなければ死体を水葬に付することができない。
一　（略）
二　死亡後24時間を経過したこと。ただし、伝染病によつて死亡したときは、この限りでない。
三～五　（略）

5 埋火葬許可証の死因欄にある「一類感染症等」とは

埋火葬許可証の死因欄にある一類感染症等とは、感染症法6条に定められている各種の感染症のうち、同法30条により死亡後24時間以内に火葬可能となるものを指します。

これらの感染症は人から人への感染力が強く、かつ重篤な症状を引き起こすものですので、死亡後24時間以内であっても、速やかに火葬することが、感染症のまん延を防止するための公衆衛生的な見地から要請されているものとなります。そのため、24時間以内の火葬が可能か否かを明らかにするために、火葬許可申請書・火葬許可証には死因欄が設けられているのです。

なお、これらの感染症の病原体に汚染された死体（疑い含む）は、火葬が原則となります。土葬するには、十分な消毒を行うとともに、都道府県知事（保健所が設置されている市区では市長又は区長）から別途、感染症法に基づく埋葬許可を得ることが必要となります。

遺族から、埋火葬許可証の死因欄について聞かれたときは「亡くなられてから24時間以内にご遺体を火葬することは通常できませんが、例えば新型コロナウイルス感染症で亡くなられた場合は、周囲に感染が広がらないように死亡後24時間を待たないで火葬してよい、という例外規定があります。その確認のための欄です」といった具合にご案内することになります。

◆参考条文◆

墓地埋葬法施行規則

第１条

墓地、埋葬等に関する法律（昭和23年法律第48号。以下「法」という。）第5条第1項の規定により、市町村長（特別区の区長を含む。以下同じ。）の埋葬又は火葬の許可を受けようとする者は、次の事項を記載した申請書を、同条第2項に規定する市町村長に提出しなければならない。

1〜3　（略）

4　死因（感染症の予防及び感染症の患者に対する医療に関する法律（平成10年法律第114号）第6条第2項から第4項まで及び第7項に規定する感染症、同条第8項に規定する感染症のうち同法第7条に規定する政令により当該感染症について同法第30条の規定が準用されるもの並びに同法第6条第9項に規定する感染症、その他の別）

5〜8　（略）

感染症法

第30条第2項、第3項（死体の移動制限等）

2　一類感染症、二類感染症、三類感染症又は新型インフルエンザ等感染症の病原体に汚染され、又は汚染された疑いがある死体は、火葬しなければならない。ただし。十分な消毒を行い、都道府県知事の許可を受けたときは、埋葬することができる。

3　一類感染症、二類感染症、三類感染症又は新型インフルエンザ等感染症の病原体に汚染され、又は汚染された疑いがある死体は、24時間以内に火葬し、又は埋葬することができる。

第64条（保健所設置市等）

保健所設置市等にあっては、第4章から前章までの規定（第22条の3……並びに第60条を除く。）及び前条中「都道府県知事」とあるのは「保健所設置市等の長」と、「都道府県」とあるのは「保健所設置市等」とする。

◆感染病等第6条に掲げられた感染症◆

種別	疾病
一類感染症（6条2項）	エボラ出血熱、クリミア・コンゴ出血熱、痘そう、南米出血熱、ペスト、マールブルグ病、ラッサ熱
二類感染症（同条3項）	急性灰白髄炎、結核、ジフテリア、重症急性呼吸器症候群（病原体がベータコロナウイルス属SARSコロナウイルスであるものに限る。）、中東呼吸器症候群（病原体がベータコロナウイルス属MERSコロナウイルスであるものに限る。）、鳥インフルエンザ（病原体がインフルエンザウイルスA属インフルエンザAウイルスマあってその血清亜型が新型インフルエンザ等感染症（略）の病原体に変異するおそれが高いものの血清亜型として政令で定めるものであるものに限る。……）
三類感染症（同条4項）	コレラ、細菌性赤痢、腸管出血性大腸菌感染症、腸チフス、パラチフス
新型インフルエンザ等感染症（同条7項）	新型インフルエンザ（新たに人から人に伝染する能力を有することとなったウイルスを病原体とするインフルエンザであって、一般に国民が当該感染症に対する免疫を獲得していないことから、当該感染症の全国的かつ急速なまん延により国民の生命及び健康に重大な影響を与えるおそれがあると認められるもの） 再興型インフルエンザ（かつて世界的規模で流行したインフルエンザであってその後流行することなく長期間が経過しているものとして厚生労働大臣が定めるものが再興したものであって、一般に現在の国民の大部分が当該感染症に対する免疫を獲得していないことから、当該感染症の全国的かつ急速なまん延により国民の生命及び健康に重大な影響を与えるおそれがあると認められるもの） 新型コロナウイルス感染症（新たに人から人に伝染する

	能力を有することとなったコロナウイルスを病原体とする感染症であって、一般に国民が当該感染症に対する免疫を獲得していないことから、当該感染症の全国的かつ急速なまん延により国民の生命及び健康に重大な影響を与えるおそれがあると認められるもの） 再興型コロナウイルス感染症（かつて世界的規模で流行したコロナウイルスを病原体とする感染症であってその後流行することなく長期間が経過しているものとして厚生労働大臣が定めるものが再興したものであって、一般に現在の国民の大部分が当該感染症に対する免疫を獲得していないことから、当該感染症の全国的かつ急速なまん延により国民の生命及び健康に重大な影響を与えるおそれがあると認められるもの）
指定感染症 （同条８項）	既に知られている感染性の疾病（一類感染症、二類感染症、三類感染症及び新型インフルエンザ等感染症を除く。）であって、第３章から第７章までの規定の全部又は一部を準用しなければ、当該疾病のまん延により国民の生命及び健康に重大な影響を与えるおそれがあるものとして政令で定めるもの
新感染症 （同条９項）	人から人に伝染すると認められる疾病であって、既に知られている感染性の疾病とその病状又は治療の結果が明らかに異なるもので、当該疾病にかかった場合の病状の程度が重篤であり、かつ、当該疾病のまん延により国民の生命及び健康に重大な影響を与えるおそれがあると認められるもの

6　新型コロナウイルス感染症による死亡における埋火葬許可証の死因欄の記載について

(1)　背景説明

「新型コロナウイルス感染症」は、令和２年政令第11号によって令和２年１月に中国からWHO（世界保健機関）に対して、人に伝染する能力を有することが新たに報告されたベータコロナウイルス属のコロナウイルスによる感染症と定義されました。

「新型コロナウイルス感染症」は、政令によって「指定感染症」として、「感染症法30条の規定が準用される」ことになり、その後「新型インフルエンザ等感染症」に指定されました。

感染症法30条3項では、「感染症の病原体に汚染され、又は汚染された疑いがある死体は、24時間以内に火葬……することができる」とされています。したがって、「新型コロナウイルス感染症」による死亡の場合は、墓地埋葬法3条の例外として、死亡後24時間以内であっても火葬できます。なお、あくまでも「火葬できる」という規定なので、24時間以内の火葬義務ではないことに注意してください。

(2)　埋火葬許可証の「死因」欄の記載について

通常、「死因」欄は、「その他」に印をつけて発行しているところです。しかし、「新型コロナウイルス感染症」による死亡の場合は、「一類感染症等」で発行することになります（上記の24時間以内火葬の特例適用のため）。

なお、「新型コロナウイルス感染症」は「新型インフルエンザ等感染症」です。「一類感染症」ではなく「一類感染症等」ですので、説明等をする際には用語の使い分けに注意が必要です（一類感染症は「エボラ出血熱」「ペスト」等の重大な感染症を指します）。

「一類感染症等」に該当するかについては、令和3年6月14日付厚生労働省医薬・生活衛生局生活衛生課事務連絡によると、「判断に当たっては、新型コロナウイルス感染症に罹患していた死亡者が死亡時にどのような状況にあったかを的確に把握する必要があり」、「死亡診断書のみならず、当該死亡診断書を作成した医療機関に対し当該患者の感染性の有無等について確認した上で判断する」旨が示されており、疑義のあるときは医師への確認が必要となります。

7　分骨とは

分骨とは、焼骨の一部を他の墳墓や納骨堂に収める行為で、墓地埋葬法施行規則5条に規定があります。

すでに埋蔵・収蔵されている焼骨を分骨する場合は、墓地等の管理者が発行する分骨証明書をもって、新しい墓地・納骨堂に埋蔵・収蔵することになります。また、火葬の際に火葬場で分骨することも可能です。この場合は、火葬場管理者が分骨証明書を発行することになります。

◆参考条文◆

墓地埋葬法施行規則

第5条〔管理者〕

墓地等の管理者は、他の墓地等に焼骨の分骨を埋蔵し、又はその収蔵を委託しようとする者の請求があつたときは、その焼骨の埋蔵又は収蔵の事実を証する書類を、これに交付しなければならない。

2　焼骨の分骨を埋蔵し、又はその収蔵を委託しようとする者は、墓地等の管理者に、前項に規定する書類を提出しなければならない。

3　前2項の規定は、火葬場の管理者について準用する。この場合において、第1項中「他の墓地等」とあるのは「墓地等」と、「埋蔵又は収蔵」とあるのは「火葬」と読み替えるものとする。

8　「散骨」には許可は必要なのか

焼骨を粉砕したものを撒く、いわゆる散骨は、墓地埋葬法の埒外とされていますので、墓地埋葬法に基づく許可は必要ありません。したがって、火葬済みの焼骨を散骨するのに許可も不要ですし、埋蔵・収蔵されている焼骨を散骨のために取り出す行為にも改葬許可は不要です。

一般に焼骨を遺棄することは刑法の遺骨遺棄罪に該当しますが、故人の供養のために節度を持って行われる限りは、犯罪にはならないとされています。ただし、条例で禁止されている地域（水源地や観光地などで条例による規制をしている自治体がある）や、土地所有者の許可なく他人の土地などに散骨することはできませんので、詳細は専門業者に相談する必要があります。
※生活と環境1996年9月号57頁　鯨井佳則（厚生省生活衛生局企画課）

◆参考条文◆

刑法

第190条（死体損壊等）

死体、遺骨、遺髪又は棺に納めてある物を損壊し、遺棄し、又は領得した者は、3年以下の懲役に処する。

9 「樹木葬」ができる場所とは

地面や穴の中に置いた焼骨の上に土や落ち葉をかける行為は「埋蔵」と解釈されます（平成16年10月22日付健衛発第1022001号厚生労働省健康局生活衛生課長回答）。樹木の根元に焼骨を埋蔵する、いわゆる樹木葬は墓地として許可を受けた場所でしかできません。

樹木葬ができる区画を設けている民間や公立の霊園がありますので、これらの場所に埋蔵することになります。

10 改葬とは

改葬には、大きく分けて次の4パターンがあります。

(1)　墳墓に埋葬した死体を他の墳墓に埋葬し直す
(2)　墳墓に埋葬した死体を火葬した上で他の墳墓に埋蔵する（又は納骨堂に収蔵する）
(3)　墳墓に埋蔵した焼骨を他の墳墓に埋蔵し直す（又は納骨堂に収蔵する）
(4)　納骨堂に収蔵した焼骨を他の納骨堂に収蔵し直す（又は墳墓

に埋蔵する）

改葬のポイントとなるのは、墳墓・納骨堂間での場所的移動を伴う、ということです。同一墳墓のカロート（墓の納骨スペース）の中や同じ納骨堂の中での骨壺の位置関係を変える行為、一時的に焼骨を取り出して元の墳墓（納骨堂）に戻す行為は改葬に当たりません。

また、改葬とは、墳墓・納骨堂から死体又は焼骨を取り出し、改葬先に埋蔵・収蔵するまでの一連の過程全体を指します。

なお、⑵のパターンについては、別項「土葬した死体を火葬する」も参照してください。

11　改葬許可及びその許可権者とは

改葬許可は、改葬の一連の過程全体に対する許可となります。すなわち、墳墓・納骨堂から死体・焼骨を取り出す（死体を移送し火葬する、）死体・焼骨を移送する、改葬先に埋葬・埋蔵・収蔵する、という手順について、1件の改葬許可により、このすべての過程を許可することになります。

したがって、改葬着手前の時点で得た改葬許可証さえあれば、改葬先の墳墓・納骨堂が所在する市区町村での手続きは、一切不要です。改葬許可証は埋葬・埋蔵・収蔵先の墓地管理者に提出することになります。

改葬許可権者については、墓地埋葬法5条2項に規定があります。改葬許可は、「死体又は焼骨の現に存する地の市町村長が行なう」とされています。

したがって、「遺骨を改葬したい」という希望があった場合には、まず「遺骨は今、どちらの市区町村にあるお墓（納骨堂）にありますか？」と確認することが必要です。現在、埋葬等がされている墓地・納骨堂のある市区町村へ改葬許可申請することになります。

12 自宅安置するための焼骨の墳墓・納骨堂からの取出しは改葬に当たるか

改葬許可のポイントとなるのは、あくまでも墳墓・納骨堂間での場所的移動であるということです。自宅安置する場合、自宅は墳墓・納骨堂ではありませんので、改葬には該当しません。市区町村では運用上、将来の埋蔵・収蔵に備えて墓地管理者等から埋蔵証明書や遺骨引渡証明書等、埋蔵・収蔵されていた事実を証する書面の交付を受けておくことを案内することがあります。

なお、最初から別の墳墓・納骨堂に埋蔵・収蔵する予定で、その途中、一時的に自宅に安置する場合は、一連の改葬の中の一過程にすぎない（改葬に該当する）ので、事前に改葬許可を得ることを要します。

※鯨井佳則「埋葬・火葬・改葬の許可」生活と環境 1994 年 6 月号 55 頁

13 墳墓・納骨堂から取り出して自宅安置していた焼骨を埋蔵・収蔵するには

焼骨を自宅に安置する行為は、改葬には該当しませんが、当該焼骨を埋蔵・収蔵することにしたときは、当初の焼骨の取出しに遡って改葬の着手と解されます。その場合、当初焼骨が埋蔵・収蔵されていた墳墓・納骨堂の存する地の市区町村が改葬の許可をすべきとされています。

ただし、自宅安置の間に当初埋蔵・収蔵されていた墳墓・納骨堂が不明となったり、改葬許可申請をすべき市区町村が遠隔地であるなどのやむを得ない場合は、墓地埋葬法 1 条の趣旨を踏まえた特例として、焼骨の現に存する地である自宅のある市町村が改葬許可を行うことも可能とされています。

なお、これは特例として、市区町村長が改葬を許可しても差し支えないという趣旨ですので、焼骨の現に存する地の市区町村長に改葬許可を義務付けるものではないことに注意が必要です。この特例措置をするかどうかは当該市区町村長の裁量の範囲内です。
※鯨井佳則「埋葬・火葬・改葬の許可」生活と環境 1994 年 6 月号 54 頁
　森新一郎「改葬許可権者について」生活と環境 1996 年 5 月号 67 頁

14　土葬した死体を火葬するには

　土葬した死体を火葬する場合、火葬後の焼骨をどうするかによって手続きが異なります。焼骨の埋蔵先が現に埋葬されている墳墓とは別の墳墓である（又は納骨堂に収蔵する）、つまり場所的移動を伴うときは改葬許可となります。また、同一の墳墓に埋蔵し、場所的移動を伴わないときは火葬許可によるものとされています。
※鯨井佳則「埋葬・火葬・改葬の許可」生活と環境 1994 年 6 月号 54 頁

15　海外で火葬した焼骨を国内で埋蔵・収蔵するには

　日本の墓地埋葬法の適用されない場所で火葬された焼骨の埋蔵・収蔵に当たっては、特例により、改葬許可により対応します。
　改葬許可権者は、これまで「焼骨の現に存する地」の市区町村長とされていましたが、令和 2 年 11 月 6 日付薬生衛発 1105 第 1 号厚生労働省医薬・生活衛生局生活衛生課長通知により、「焼骨の現に存する地の市町村長又は死亡の届出を受理した市町村長」が改葬許可を行うものとされました。
　したがって、①焼骨の現に存する地のほか、②戸籍法の死亡届が受理された地（死亡者本籍地、死亡届出人（改葬許可申請者）所在地（一時滞在地を含む））のいずれにおいても改葬許可申請ができることになりました。
「焼骨の現に存する地」の解釈ですが、焼骨が申請者の自宅等に安置されているときは安置場所の所在地の市区町村、焼骨が現に海外にあるときは、埋蔵・収蔵先の墓地・納骨堂のある市区町村が原則となります。

　ただし、墓地埋葬法１条の精神を踏まえると、これ以外の市区町村長であっても改葬許可をして差支えない場合もあると考えますが、例外的な対応となるときは、当該市区町村に事前相談が必要です（例えば、戸籍法の死亡届は現地の在外公館に提出したが、海外にある焼骨を遺族が自宅安置することなく、直接、遠隔地の墓地に埋蔵する場合等）。

トピックス

平成25年の死因・身元調査法制定と死体取扱規則全部改正

行旅死亡人や孤独死した死体は、警察による身元調査の後、市区町村に引き渡される事例が多いです。平成25年、警察による身元調査に関する『死因・身元調査法』が制定され、それに合わせ『死体取扱規則』が全部改正されたので、経過を紹介します。

1 「死因・身元調査法」の制定

『死因・身元調査法』（以下、「新法」という。）は、平成24年6月に国会で成立、公布されました。

新法は、死因・身元を究明することで、死因が市民生活に危害を及ぼす犯罪・災害などによるものであった場合には被害の拡大や再発防止に寄与し、遺族等の不安の緩和・解消、公衆衛生の向上によって、最終的には市民生活の安全と平穏を確保することを目的としています。そして、新法と改正死体取扱規則（平成25年国家公安委員会規則第4号。以下、「新規則」という。）は、平成25年4月1日、施行されました。

なお、新法にいう「警察等」とは「警察及び海上保安庁」を指しています（新法1条）。

これにより、行旅死亡人や引取者のない死亡者として市区町村に引き渡される前に警察等が行うべき身元調査等の手続きが明確に定められるとともに、戸籍法に基づく死亡報告の様式など、市区町村にも関連する部分にも変更が生じました。

2 「死因・身元調査法」の対象

新法では、主に対象となる死体として『取扱死体』という用語が5条の中で定義されていますが、これには「犯罪捜査の手続が行われる死体を除く」という規定が設けられています。「犯罪捜査の手続」とは、刑事訴訟法に基づく手続きであり、いわゆる犯罪死体を除外する規定となっています。これは、死因・身元調査法が基本的に行政警察活動としての手続きの中で死因や身元を明らかにしていくという性格を持っており、もともと刑事訴訟法に基づく司法警察活動の中で死因や身元が追究される性質である犯罪死体については対象としないことに由来します。

3 「死因・身元調査法」の概要

⑴　死体発見時の調査等

新法4条に『死体発見時の調査等』の規定があり、死体（犯罪死体・変死体・それ以外の死体を問わず）を発見したり通報を受けた警察官は警察署長に速やかに報告するとされています（4条1項）。

報告を受けた警察署長は犯罪死体・変死体以外の死体の場合は、死因や身元を明らかにするために、死体外表や発見場所の調査、関係者からの事情聴取といった範囲での調査を実施します（4条2項）。必要があれば医師や歯科医師の協力を依頼することもできます（4条3項）。

なお、犯罪死体の場合は刑事訴訟法、変死体の場合は刑事訴訟法と検視規則による手続きが始まりますので、本条にいう調査対象から外れることになります（4条2項）。

この『調査』として採取した指掌紋について、身元照会の必要があるときは、新規則3条の『指紋及び掌紋による身元照会』という規定により身元照会が行われることになります。

⑵　検査・解剖

新法5条は『検査』、6条は『解剖』ですが、ここで対象となるのは前述の「取扱死体」となります。仮に検査や解剖の結果、犯罪死体であることが判明すれば、刑事訴訟法に基づく手続きに移行します。

検査は、血液・体液・尿の採取や死亡時画像診断などが挙げられます（5条1項）。これらは通常、医師に行わせることになっています。ただし、「専門的知識及び技能を要しない検査」として政令で定められたものは、警察官が行えることとされています（5条2項、新法施行令1条）。

6条では、法医学の専門家などの意見を踏まえ、警察が特に必要と判断した場合は、解剖ができることが定められています（6条1項）。いわゆる「調査法解剖」「新法解剖」と呼ばれる解剖です。

(3)　身元を明らかにするための措置

新法8条では、『身元を明らかにするための措置』が定められています。ここでは、『調査』（遺族等による容貌からの確認、所持品の調査、指紋及び掌紋の照会、歯科所見の照合等、死体に対する侵襲行為を伴わない方法）では身元を明らかにすることができない場合に、死体の身元を明らかにするため、必要な範囲で、血液・歯牙・骨などの組織の一部を採取したり、植込み型ペースメーカー等を摘出することができるとされています（8条1項）。これらの措置は基本的に医師か歯科医師が行うものですが、血液採取や爪の切除といったものは警察官が行えることとされています（8条2項、新法施行令3条）。

組織の採取はDNA鑑定を想定した規定で、新規則4条で『DNA型記録による身元照会』が定められています。ペースメーカー等の摘出は製造番号からの身元調査を想定しています。

4　法改正による死体引渡しの流れの変更点

死体引渡しの流れについては、新法の対象とする取扱死体と、新規則の対象となる犯罪死体で、類似の規定が設けられていますので、これらをまとめて解説します。

◆参考条文◆

新法

第10条（死体の引渡し）

警察署長は、死因を明らかにするために必要な措置がとられた取扱死体について、その身元が明らかになったときは、速やかに、遺族その他当該取扱死体を引き渡すことが適当と認められる者に対し、その死因その他参考となるべき事項の説明を行うとともに、着衣及び所持品と共に当該取扱死体を引き渡さなければならない。ただし、当該者に引き渡すことができないときは、死亡地の市町村長（特別区の区長を含む。次項において同じ。）に引き渡すものとする。

2　警察署長は、死因を明らかにするために必要な措置がとられた取扱死体について、その身元を明らかにすることができないと認めるときは、遅滞なく、着衣及び所持品と共に当該取扱死体をその所在地の市町村長に引き渡すものとする。

新規則

第5条（死体の引渡し）

警察署長は、法第4条第1項の規定による報告又は死体に関する法令に基づく届出に係る死体（取扱死体を除く。）について、当該死体を引き渡したとしてもその後の犯罪捜査に支障を及ぼすおそれがないと認められる場合において、当該死体の身元が明らかになったときは、速やかに、遺族その他当該死体を引き渡すことが適当と認められる者に対し、その後の犯罪捜査又は公判に支障を及ぼさない範囲内においてその死因その他参考となるべき事項の説明を行うとともに、着衣及び所持品と共に当該死体を引き渡さなければならない。ただし、当該者に引き渡すことができないときは、死亡地の市町村長（特別区の区長を含む。次項において同じ。）に引き渡すものとする。

2　警察署長は、前項に規定する死体について、当該死体を引き渡したとしてもその後の犯罪捜査に支障を及ぼすおそれがないと認められる場合において、当該死体の身元を明らかにすることができないと認めるときは、遅滞なく、着衣及び所持品と共に当該死体をその所在地の市町村長に引き渡すものとする。

参考までに、改正前の死体取扱規則（昭和33年国家公安委員会規則第4号。以下、「旧規則」という。）での規定は、次のとおりです。

◆参考条文◆

旧規則

第8条第1項（死体の遺族等への引渡）

死体について、身元が明らかになつたときは、着衣、所持金品等とともに死体をすみやかに遺族等に引き渡さなければならない。ただし、遺族等への引渡ができないときは死亡地の市区町村長に引き渡すものとする。

旧規則

第9条第1項、第2項（本籍等の不明な死体の取扱）

死体について死亡者の本籍が明らかでない場合又は死亡者を認識することができない場合においては、遅滞なく死亡地の市町村長に対し、死亡報告書（別記様式第5号）により死亡の報告を行わなければならない。この場合において、戸籍法……に規定する検視調書として……死体見分調書……を使用することができる。

2　前項の死体は、着衣、所持金品等とともに、すみやかに前項に規定する市町村長に引き渡さなければならない。この場合において、死体及び所持金品引取書を徴しておかなければならない。

それぞれの条文を整理すると、表3のとおりとなります。

新法及び新規則で明確に定められたのは、犯罪死体の引渡しのタイミングです。

旧規則では、犯罪死体・非犯罪死体にかかわらず「すみやかに」引き渡すこととされていました（旧規則8条、9条2項）。条文上は、犯罪捜査に支障があろうとも死体をすみやかに引き渡さざるをえないという、実際の運用とはかけ離れた規定になっていましたが、今回の改正によって、犯罪捜査に支障がなくなるまで、死体を警察で保存しておくことが可能であることが明確になりました。

旧規則にいう「遺族等」と「遺族その他……」という新法・新規則の規定は、同義であり、遺族のほか、内縁関係にあった者、同居人、知人等、当該死体の埋火葬等の手続きを適切に行うことができると認められる者に引き渡すことも可能です（表の項目の欄では「遺族等」と記載しました）。ただし、身元不明の場合はこれらの者への引渡しは規定されていませんので、身元不明者に同居人や知人があったとしても、警察が引き渡すのは市区町村長となると考えます。

新法・新規則で、死体を引き渡す先の市区町村長は、引取拒否の場合は「死亡地」、身元不明のときは「死体所在地」とされています。この用語の使い分けは、前者は墓地埋葬法9条、後者は行旅法7条を念頭に置いたものとのことです（死因・身元調査法制研究会『注解　警察等が取り扱う死体の死因又は身元の調査等に関する法律』89頁（立花書房、2013年））。

もっとも、身元が判明していても、「行旅中」すなわち、日常生活圏を離れた場所での死亡として、墓地埋葬法ではなく行旅法を適用する例もあり、引取拒否と身元不明で明確に区分できない部分もありますが、それにより引渡し先が変わることは実務上、考えられませんので、問題になることはないと考えます。

◆参考条文◆

墓地埋葬法

第9条

死体の埋葬又は火葬を行う者がないとき又は判明しないときは、死亡地の市町村長が、これを行わなければならない。

行旅法

第７条

行旅死亡人アルトキハ其ノ所在地市町村ハ其ノ状況相貌遺留物件其ノ他本人ノ認識ニ必要ナル事項ヲ記録シタル後其ノ死体ノ埋葬又ハ火葬ヲ為スベシ

表３：死因・身元調査法と死体取扱規則の死体引渡しに関する比較

<table>
<tr><th colspan="2"></th><th>新法
（死因・身元調査法）</th><th>新規則
（死体取扱規則）</th><th>旧規則
（死体取扱規則）</th></tr>
<tr><td colspan="2">対象となる死体</td><td>取扱死体
（犯罪死体以外の死体）</td><td>取扱死体以外の死体
（犯罪死体）</td><td>死体
（犯罪死体、非犯罪死体問わず）</td></tr>
<tr><td colspan="2">速やかに引渡しをすべき時期</td><td>死因を明らかにするために必要な措置がとられ、身元が明らかになったとき</td><td>死体を引き渡しても犯罪捜査に支障を及ぼすおそれがないと認められる場合で、身元が明らかになったとき</td><td>身元が明らかになったとき</td></tr>
<tr><td rowspan="2">身元判明の場合</td><td>引渡し先</td><td colspan="2">遺族その他引き渡すことが適当と認められる者</td><td>遺族等</td></tr>
<tr><td>遺族等へ説明すべき内容</td><td>死因その他参考事項</td><td>死因その他参考事項（ただし、犯罪捜査や公判に支障を及ぼさない範囲）</td><td></td></tr>
<tr><td colspan="2">遺族等が引取拒否のときの引渡し</td><td colspan="2">遅滞なく死亡地の市区長村長に引き渡す</td><td>死亡地の市区町村長に引き渡す</td></tr>
<tr><td colspan="2">身元不明のときの引渡し</td><td colspan="2">遅滞なく死体所在地の市区長村長に引き渡す</td><td>速やかに死亡地の市区町村長に引渡す</td></tr>
<tr><td colspan="2">死亡報告書に添付する『検視調書』の様式</td><td colspan="2">本籍等不明死体調査書
（※規定は新規則）</td><td>死体見分調書又は多数死体見分調書</td></tr>
</table>

5 戸籍法上の手続き

新規則

第7条（本籍等の不明な死体に係る報告）

戸籍法（昭和22年法律第224号）第92条第1項の規定による報告は、死亡報告書（別記様式第3号）に本籍等不明死体調査書（別記様式第4号）を添付して行うものとする。

2　戸籍法第92条第2項の規定による報告は、死亡者の本籍等判明報告書（別記様式第5号）により行うものとする。

旧規則

第9条（本籍等の不明な死体の取扱）

死体について死亡者の本籍が明らかでない場合又は死亡者を認識することができない場合においては、遅滞なく死亡地の市町村長に対し、死亡報告書（別記様式第5号）により死亡の報告を行わなければならない。この場合において、戸籍法（昭和22年法律第224号）第92条第1項に規定する検視調書として第4条に規定する死体見分調書または第11条に規定する多数死体見分調書を使用することができる。

2　（略）

3　死亡者の本籍が明らかになり、又は死亡者を認識することができるに至つたときは、戸籍法第92条第2項の規定により、遅滞なく死亡者の本籍等判明報告書（別記様式第6号）を作成し、第1項に規定する市町村長にその旨を報告しなければならない。

戸籍法

第92条第1項、第2項

死亡者の本籍が明かでない場合又は死亡者を認識することができない場合には、警察官は、検視調書を作り、これを添附して、遅滞なく死亡地の市町村長に死亡の報告をしなければならない。
2　死亡者の本籍が明かになり、又は死亡者を認識することができるに至つたときは、警察官は、遅滞なくその旨を報告しなければならない。

戸籍法92条による死亡報告については、基本的に手続き自体が変わるものではありません。旧規則にあった「遅滞なく」という時間的制約の表現が新規則ではなくなりましたが、これは戸籍法の条文自体に「遅滞なく」との文言があるため、重複させる必要がないためと考えられます。

死亡報告に添付する書類について、戸籍法では「検視調書」という表現が用いられていますが、これに相当する書類が何かは明示されていません（刑事訴訟法に規定のある「検視調書」とは別物です）。

したがって、旧規則では、「検視調書」として「死体見分調書（又は多数死体見分調書）」を用いることができるとされていました。一方で新規則では、「本籍等不明死体調査書」を添付することとされています。この部分についても、死亡報告書に添付する書類の規定であることから、「本籍等不明死体調査書」が「検視調書」であることは自明であるという構成で、このような表現になっているものと考えられます。

旧規則の「死体見分調書」は、4条に根拠があり、「死体が犯罪に起因するものでないことが明らかである場合においては、その死体を見分するとともに死因、身元その他の調査を行い、死体見分調書（略）を作成」することとされていました。つまり、旧規則では、身元判明・不明にかかわらず非犯罪死体のときに作成する「死体見分調書」を、身元不明時の死亡報告書に添付する「検視調書」として流用するという構造になっていました。

旧規則では「災害等による多数死体」については、「多数死体見分調書」を作成することができるとされており、「多数死体見分調書」も「検視調書」として使用することができるとされていましたが、死因・身元調査法と新規則では、「多数死体見分調書」の規定自体が消滅しました。
　死亡者の身元が判明したときの手続きも、条文の表現は変わっていますが、『死亡者の本籍等判明報告書』により報告するという手続きに変更はありません。

資　料

警察等が取り扱う死体の死因又は身元の調査等に関する法律等の施行について

（平成25年3月8日警察庁丙捜一発第1号警察庁刑事局長から各地方機関の長・各都道府県警察の長宛て通達）

第1（略）

第2　法等の概要

1～2（略）

3　その他

⑴（略）

⑵　死体の引渡し

ア　警察署長は、死因を明らかにするために必要な措置がとられた取扱死体について、その身元が明らかになったときは、速やかに、遺族その他当該取扱死体を引き渡すことが適当と認められる者に対し、その死因その他参考となるべき事項の説明を行うとともに、着衣及び所持品と共に当該取扱死体を引き渡さなければならないこととする。ただし、当該者に引き渡すことができないときは、死亡地の市町村長に引き渡すものとする（法第10条第1項関係）。

イ　アの取扱死体について、その身元を明らかにすることができないと認めるときは、遅滞なく、着衣及び所持品と共に当該取扱死体をその所在地の市町村長に引き渡すものとする（法第10条第2項関係）。

第3　改正規則の概要

1～3（略）

4　死体の引渡し

(1)　警察署長は、取扱死体以外の死体について、当該死体を引き渡したとしてもその後の犯罪捜査に支障を及ぼすおそれがないと認められる場合において、当該死体の身元が明らかになったときは、速やかに、遺族その他当該死体を引き渡すことが適当と認められる者に対し、その後の犯罪捜査又は公判に支障を及ぼさない範囲内においてその死因その他参考となるべき事項の説明を行うとともに、着衣及び所持品と共に当該死体を引き渡さなければならないこととする。ただし、当該者に引き渡すことができないときは、死亡地の市町村長に引き渡すものとする（改正規則第5条第1項関係）。

(2)　(1)の場合において、その身元を明らかにすることができないと認めるときは、遅滞なく、着衣及び所持品と共に当該死体をその所在地の市町村長に引き渡すものとする（改正規則第5条第2項関係）。

5　書面の徴取

第2の3(2)又は第3の4による引渡しを行ったときは、死体及び所持品引取書を徴さなければならないこととする（改正規則第6条関係）。

6　本籍等の不明な死体に係る報告

戸籍法（昭和22年法律第224号）第92条第1項の規定による報告は、死亡報告書に本籍等不明死体調査書を添付して行うものとし、同条第2項の規定による報告は、死亡者の本籍等判明報告書により行うものとする（改正規則第7条関係）。

7　母の不明な死産児に係る通知

死産の届出に関する規程（昭和21年厚生省令第42号）

第9条の規定による通知は、母の不明な死産児に関する通知書により行うものとし、当該通知を行った場合において、死産児の母が明らかになったときは、遅滞なく、同条に規定する市町村長に対し、その旨を通知しなければならないこととする（改正規則第8条関係）。

第4（略）

警察等が取り扱う死体の死因又は身元の調査等に関する法律等の解釈について

（平成25年3月8日警察庁丁捜一発第19号警察庁刑事局捜査第一課長から各管区警察局広域調整担当部長・警視庁刑事部長・各道府県警察の長宛て通達）

第1　法等の解釈

(1)（略）

(2)　礼意の保持（第2条関係）

「礼意を失わないように」とは、死体を取り扱うに当たって、黙礼、場合によっては合掌するのはもちろんのこと、死体を移動したり、解剖に付する場合、又はその後に安置する場合においても、取扱いや場所の選定に十分配意することをいう。

なお、死亡者の信仰している宗派が判明している場合には、これにも可能な限り配慮する必要がある。

(3)　遺族等への配慮（第3条関係）

「適切な配慮」とは、警察官にとっては、死体を取り扱う機会は日常茶飯事であっても、遺族にとっては、親族が亡くなることは非日常的な事態であり、精神的に大きなショックを受けているということを十分に念頭に置いて対応することや死亡者がなぜ亡くなったのか知りたいという想いに可能な限り丁寧に応えることを意味する。

(4)〜(9)（略）

(10)　死体の引渡し（第10条関係）

第1項の「死体を引き渡すことが適当と認められる者」とは、死亡者の同居人、知人等、当該死体の埋火葬等の手続を適切に行うことができる者をいう。これは、第一義的に死体を引き渡すべき遺族に引き渡すことができない場合であっても、他に「死体を引き渡すことが適当と認められる者」がいる場合には、市区町村長ではなく、これらの者に引き渡すことができる旨を定めたものである。

「死因その他参考となるべき事項」とは、死に至る背景や原因を含む死因のほか、

- 血液検査、尿検査、死亡時画像診断等の法第5条の検査の結果
- 解剖所見
- 死亡者の死因と同種の事案によって遺族が被害を受けるおそれがあるか否か、あるとした場合の対処方法

等が想定される。遺族等に対する説明は、法の目的である「遺族等の不安の緩和又は解消」に資するものであり、これを行うに当たっては遺族等の心情に十分配慮しなければならないが、具体的留意事項については別途指示する。

なお、旧規則においては、死産児の引渡しについて別に規定が置かれていたが、今後は、死産児についても「取扱死体」に該当するものであれば、法第10条に基づき引き渡すこととなる。

2〜4（略）

第2　改正規則の解釈

1〜3（略）

4　死体の引渡し（第5条関係）

死体の引渡しについては、従前、旧規則第8条第1項に警察が取り扱う全ての死体を対象として規定が設けられていたが、法第10条に取扱死体の引渡しに関する手続が規定されたことから、これに準じて、取扱死体以外の死体の引渡しに関する手続を定めたものである。ただ

し、取扱死体以外の死体、つまり犯罪捜査の手続が行われる死体を対象としていることから、引渡しについては、司法解剖等死体からの証拠収集が既に終了し、死体を引き渡したとしても「その後の犯罪捜査に支障がないと認められる場合」に行うこととし、死因等の説明についても、刑事訴訟法第47条の趣旨を踏まえ、「その後の犯罪捜査又は公判に支障を及ぼさない範囲内」で行うこととなる。

5　書面の徴取（第6条関係）

法第10条又は改正規則第5条に基づく引渡しを行った際に、引取者の氏名、引き渡した所持品等を記載した「死体及び所持品引取書」を引取者から徴取しておくことを定めたものであり、旧規則第8条第2項、第9条第2項及び第10条第2項に相当する。

なお、法においては、死産児についても法第10条に基づき引渡しを行うものとされたことから、旧規則第10条第2項に規定する「死産児及び付属品引取書」については、これを廃止し、「死体及び所持品引取書」に統合することとした。

6　本籍等の不明な死体に係る報告（第7条関係）

戸籍法（昭和22年法律第224号）第92条第1項において「死亡者の本籍が明らかでない場合又は死亡者を認識することができない場合」、つまり死亡者の身元が明らかでない場合において、警察官は死亡地の市区町村長に死亡の報告をしなければならないとされていることから、これを確認的に明らかにするとともに、報告に用いる様式を定めたものである。

旧規則第9条第1項においては、戸籍法第92条第1項に規定する「検視調書」として、死体見分調書又は多数死体見分調書を使用することとされていたが、この度、「本籍等不明死体調査書」を新たに定め、検証・実況見分、検視又は法に基づく調査のいずれを実施した死体であっても、戸籍法第92条第1項に基づく報告を行う場合には、本籍等不明死体調査書を作成し、これを戸籍法第92条第1項に規定する「検視調書」として、死亡報告書に添付することとした。

7　母の不明な死産児に係る通知（第8条関係）

死産の届出に関する規程（昭和21年厚生省令第42号）第9条において義務付けられている母の不明な死産児の届出について、確認的に明らかにするとともに、届出に用いる様式を定めたものであり、旧規則第10条第1項及び第3項に相当する。

戸籍実務のための孤独死・行旅死亡人・身寄りのない高齢者等における死亡届の手引き
—墓地埋葬法・埋火葬許可に関する解説付き—

2022年7月26日　初版発行

編　者　孤独死等戸籍実務研究会
発行者　和　田　　　裕

発行所　日本加除出版株式会社
本　社　〒171－8516
東京都豊島区南長崎3丁目16番6号

組版・印刷　㈱精興社　　製本　牧製本印刷㈱

定価はカバー等に表示してあります。
落丁本・乱丁本は当社にてお取替えいたします。
お問合せの他、ご意見・感想等がございましたら、下記までお知らせください。

〒171-8516
東京都豊島区南長崎3丁目16番6号
日本加除出版株式会社　営業企画課
電話　03-3953-5642
FAX　03-3953-2061
e-mail　toiawase@kajo.co.jp
URL　www.kajo.co.jp

ISBN978-4-8178-4823-9